DE MA COUR
AU CHÂTEAU

STÉPHANE

MODAT

DE MA COUR AU CHÂTEAU

LES ÉDITIONS **LA PRESSE**

Catalogage avant publication de Bibliothèque et Archives nationales du Québec et Bibliothèque et Archives Canada

Modat, Stéphane
De ma cour au château

ISBN 978-2-89705-499-1
1. Cuisine. 2. Livres de cuisine. I. Titre.

TX714.M62 2016 641.5 C2016-941255-5

Présidente : Caroline Jamet
Directeur de l'édition : Jean-François Bouchard
Directrice de la commercialisation : Sandrine Donkers
Responsable, gestion de la production : Carla Menza
Communications : Marie-Pierre Hamel

Éditrice déléguée : Sylvie Latour
Conception graphique : Simon L'Archevêque
Photos : André-Olivier Lyra
Stylisme culinaire : Catherine Côté
Photos des pages 124 à 127 : Frédéric Laroche
Illustration de la page 69 : Pierre Bouchard
Révision linguistique : Sophie Sainte-Marie
Correction d'épreuves : Nicole Henri

L'éditeur bénéficie du soutien de la Société de développement des entreprises culturelles du Québec (SODEC) pour son programme d'édition et pour ses activités de promotion.

L'éditeur remercie le gouvernement du Québec de l'aide financière

Vinaigre de vin rouge
Vinaigre Xérès/ail noir
Vinaigre de vin rouge
Vinaigre Xérès/ail noir
Huile de cèdre
Vinaigre de vin rouge
Huile de sapin
Vinaigre Miel de sarrasin
Huile de cassis

P. 15
LES BOUCHÉES ET LES ENTRÉES

P. 75
LES PLATS PRINCIPAUX

P. 129
LES À-CÔTÉS

P. 155
LES DESSERTS

P. 183
LES BASES, LES SAUCES ET LES CONDIMENTS

P. 217
LES COCKTAILS

PRÉFACE

Dans le monde de la créativité, il faut savoir distinguer entre deux catégories de personnes : les créatifs et les créateurs. Le créatif est un individu qui se démarque par sa capacité à imaginer et à produire, généralement sur commande ou en un court laps de temps, une grande quantité de solutions originales, d'idées ou de concepts efficaces. Mais le créateur, lui, va bien au-delà de l'originalité puisqu'il innove, et l'innovation ne peut qu'être le fruit d'une réflexion beaucoup plus profonde et implique nécessairement une prise de risque et surtout une bonne dose de courage. Stéphane Modat fait assurément partie de cette deuxième catégorie.

Le grand défi en haute cuisine a toujours été de plaire à la fois au gastronome et à une clientèle profane et occasionnelle dont les goûts sont souvent trop sages. De façon générale, le public aime bien l'originalité, mais a plutôt tendance à préférer ce qu'il connaît. Pour le gastronome, le plus simple des mets le satisfait, tant qu'il est confectionné avec art.

Héritier d'une grande tradition culinaire, l'art de Stéphane Modat est également une cuisine éminemment moderne qui étonne autant par sa composition que par ses présentations originales et maîtrisées. Bien que les idées nouvelles et les concepts originaux aient pour effet d'exciter l'intellect, Modat est plus que conscient que savourer un bon plat demeure d'abord et avant tout une expérience sensuelle et sensorielle.

On reconnaît l'œuvre d'un grand créateur quand elle nous paraît à la fois dépaysante et familière. Une aventure culinaire réussie consiste toujours à inviter le convive à faire de nouvelles expériences gustatives, mais dans un contexte qui ne lui est pas complètement étranger.

Plus qu'un art culinaire, la gastronomie est une science, et c'est pourquoi Brillat-Savarin, le grand épicurien français du XIXe siècle à qui l'on doit l'aphorisme « dis-moi ce que tu manges, je te dirai ce que tu es », la plaçait au même rang que le savoir scientifique quand il écrivait : *La découverte d'un mets nouveau fait plus pour le bonheur du genre humain que la découverte d'une étoile.*

— ROBERT LEPAGE
Metteur en scène

LES LIENS DU SANG ET DE LA SAUCE

Voici un livre d'histoires, de photographies, d'idées qui tournent autour de la cuisine et qui pourrait tenter de saisir la bête que je suis, avec des recettes qui donneraient l'impression que c'est un livre de cuisine.

Pour ce livre, je n'avais pas envie d'une présentation convenue, où l'on énumérerait où et quand je suis né, avec qui j'avais travaillé, la liste des restos que j'ai dirigés, un texte qui m'accorderait une importance que je ne désire pas et qui me résumerait de façon trop carrée.

J'avais plutôt envie de créer un livre autour du plaisir de manger et de cuisiner à ma manière, comme je le fais pour mon clan qui rassemble ma famille, mes amis et tous les gens qui gravitent autour de moi.

Côté cour, j'ai une grande famille et une marmaille que j'aime sans limites, auxquelles se greffent les amis, beaucoup d'amis. Les rencontres sont mémorables ; chaque fête en est une d'anthologie, remplie de plaisir et de bonne bouffe en toute simplicité, mais ô combien goûteuse ! Les visiteurs d'un soir deviennent rapidement des habitués chez moi.

Parmi ces habitués, il y a mon ami François Chartier, qui n'a plus vraiment besoin de présentation. Nous collaborons depuis plus de 15 ans et il était tout naturel pour moi de lui donner une place particulière dans ce projet. Je l'ai donc invité à choisir 12 recettes dans ce livre et à s'en inspirer pour créer des accords originaux.

Côté château, mon équipe est ma deuxième famille. Avec elle, je pousse ma créativité à fond, j'essaie de faire vivre aux clients des expériences inédites et en même temps réconfortantes. On explore tous ensemble des avenues culinaires, et c'est à travers le partage que je découvre ces personnes extraordinaires.

Je passe facilement de ma cour au château et vice-versa. C'est tout moi, mon univers qui se résume en un seul mot : passion.

Mon monde culinaire se bâtit autour d'un clan. Pour en faire partie, suffit d'avoir le bon mot de passe : plaisir. Je vous le confie, afin que vous le confiiez à quelqu'un d'autre à votre tour et fassiez grandir la tribu de ceux qui aiment bien manger, en toute convivialité.

— STÉPHANE MODAT

LES BOUCHÉES ET LES ENTRÉES

TERRINE DE MON GRAND-PÈRE LOUIS

RENDEMENT 2 terrines ou 4 pots de 250 ml (1 tasse)
PRÉPARATION 1 heure
CUISSON 1 heure

INGRÉDIENTS

- 600 g (1 ⅓ lb) de porc mi-maigre haché
- 340 g (¾ lb) de foies de porc, parés et coupés en dés
- 2 œufs
- 1 oignon moyen, haché
- 1 gousse d'ail, hachée
- 10 ml (2 c. à thé) de sel par kilo de masse
- 5 ml (1 c. à thé) de poivre blanc moulu par kilo de masse
- Quelques feuilles de laurier

PRÉPARATION

Préchauffer le four à 160 °C (325 °F).

Dans un grand bol, mettre le porc haché. Réserver.

Dans le bol d'un robot culinaire, mettre les foies et les œufs. Réduire en purée, puis verser sur le porc haché. Ajouter l'oignon et l'ail.

Peser la préparation, puis ajouter la quantité de sel et de poivre indiquée selon le poids obtenu.

Mélanger pour rendre la préparation homogène.

Verser la préparation dans des terrines ou dans des pots Mason.

Déposer une feuille sur le dessus de chaque terrine ou de chaque pot.

Préparer un bain-marie. Déposer les terrines ou les pots dans une lèchefrite. Verser de l'eau dans la lèchefrite jusqu'aux trois quarts de la hauteur des terrines ou des pots. Cuire au four jusqu'à ce que la température à cœur atteigne 65 °C (150 °F).

Laisser tempérer, puis réfrigérer.

Pour être sûr de l'assaisonnement, façonner une petite galette de mélange et la faire cuire à la poêle ou au micro-ondes. Au besoin, rectifier l'assaisonnement.

Cette recette, nous l'avons dégustée ensemble, mon grand-père et moi, du début de ma vie jusqu'à la fin de la sienne. Merci, papi !

CROQUETTES DE BOUDIN NOIR

PORTIONS 6
PRÉPARATION 45 minutes
CUISSON 20 minutes

INGRÉDIENTS

CROQUETTES

250 ml (1 tasse) de lait

50 g (¼ tasse) de beurre

50 g (7 c. à soupe) de farine

225 g (½ lb) de boudin (sans boyaux)

PANURE

3 œufs

250 ml (1 tasse) de lait

185 g (1½ tasse) de farine

275 g (2¾ tasses) de chapelure

Huile pour la friture

PRÉPARATION

Préparer les croquettes. Dans une casserole, faire chauffer le lait.

Dans une autre casserole, faire fondre le beurre sans coloration. Ajouter la farine et brasser pendant 3 minutes à l'aide d'un fouet.

Verser le lait chaud en brassant continuellement. Porter à ébullition et cuire 3 minutes en brassant.

Verser la béchamel dans un bol et ajouter le boudin en brassant continuellement ou mixer à l'aide d'un mélangeur à main.

Recouvrir d'une pellicule plastique et laisser refroidir complètement au réfrigérateur.

À l'aide d'une cuillère, former de petites croquettes de 1,25 cm (½ po) de diamètre.

Mettre les croquettes sur une plaque à pâtisserie recouverte d'un papier sulfurisé et les placer au congélateur.

Préparer la panure. Dans un bol, mélanger les œufs et le lait.

Dans un plat, verser la farine et, dans un autre plat, la chapelure.

Rouler les croquettes congelées dans la farine, puis les secouer pour en retirer l'excédent.

Tremper les croquettes dans l'œuf, puis dans la chapelure. Répéter cette opération. Réserver au congélateur.

Au moment de servir, préparer un bain de friture à 180 °C (350 °F).

Frire les croquettes pendant 4 minutes ou jusqu'à ce que la panure soit dorée. Égoutter les croquettes sur du papier absorbant et assaisonner.

Servir avec une trempette soubise (p. 204).

Qui dit boudin, friture, oignon et crème sure dit vin blanc au profil aromatique de sauvignon blanc. C'est le cas des vins de verdejo provenant de l'appellation espagnole Rueda, tout comme des vins autrichiens de cépage grüner veltliner, sans oublier bien sûr tous les sauvignons blancs, qu'ils soient classiques comme ceux de Sancerre ou de Pouilly-Fumé, ou encore plus exotiques comme ceux de Nouvelle-Zélande. F. C.

MOUSSE DE FOIE GRAS

PORTIONS 4
PRÉPARATION 1 heure
CUISSON 15 minutes

INGRÉDIENTS

115 g (¼ lb) de terrine de foie gras, coupé en dés

375 ml (1½ tasse) de crème 35 %

1 pincée de sel

15 ml (1 c. à soupe) de vieux rhum

4 g (2 feuilles) de gélatine

PRÉPARATION

Dans un bain-marie, faire tempérer les dés de foie avec 100 ml (3/8 tasse) de crème, le sel et le rhum en remuant régulièrement.

Dans un bol d'eau, faire gonfler les feuilles de gélatine quelques minutes, puis les essorer délicatement.

Dans le bol du mélangeur, mixer le mélange de crème et de foie gras jusqu'à l'obtention d'une préparation lisse et homogène. Passer au tamis.

Dans une casserole à feu doux, faire fondre la gélatine et l'incorporer au mélange de crème et de foie gras.

Laisser tiédir l'appareil au réfrigérateur, sans le faire figer.

Dans un grand bol, monter le reste de la crème, puis incorporer le mélange de foie gras à la crème en pliant avec la spatule.

Verser la préparation dans des verrines et réserver au réfrigérateur.

On peut préparer cette recette une journée d'avance, mais on devra recouvrir la mousse d'une gelée de fruits ou d'alcool pour l'empêcher de s'oxyder.

Il est aussi possible de faire des quenelles de mousse à l'aide de cuillères de métal bien chaudes.

ŒUFS AU VINAIGRE DE BETTERAVE ROUGE

RENDEMENT 12 œufs
PRÉPARATION 10 minutes
CUISSON 10 minutes

INGRÉDIENTS

12 œufs

500 ml (2 tasses) de vinaigre blanc à marinades

1 litre (4 tasses) de jus de betterave rouge maison ou du commerce

5 ml (1 c. à thé) de graines de moutarde

Sel

PRÉPARATION

Dans une grande casserole d'eau bouillante, cuire les œufs 8 minutes.

Refroidir les œufs dans un récipient d'eau froide, puis les écaler.

Dans une autre casserole, porter à ébullition le vinaigre, le jus de betterave et les graines de moutarde en y ajoutant une bonne pincée de sel.

Ajouter les œufs et laisser mariner au réfrigérateur au minimum 1 heure.

On peut manger ces œufs de la façon la plus classique, entre amis, accoudés au comptoir à l'heure de l'apéro ! Ils sont aussi délicieux l'été dans une belle salade niçoise.

CHIPS DE PANAIS

RENDEMENT —
PRÉPARATION 25 minutes
CUISSON 10 minutes

INGRÉDIENTS

2 panais

1 pincée de sel

2 gousses d'ail en chemise

Huile de canola pour la friture

PRÉPARATION

Préparer un bain de friture à 150 °C (300 °F).

Éplucher les panais.

À l'aide d'un économe, prélever de grandes bandes de panais sur la longueur.

Plonger les bandes de panais dans l'huile chaude. À l'aide de pinces, brasser régulièrement pour que toutes les surfaces des bandes de panais soient en contact avec l'huile en même temps.

Retirer les bandes de panais lorsqu'il n'y a plus de bulles qui se forment sur l'aliment.

Déposer les chips sur du papier absorbant et saler aussitôt.

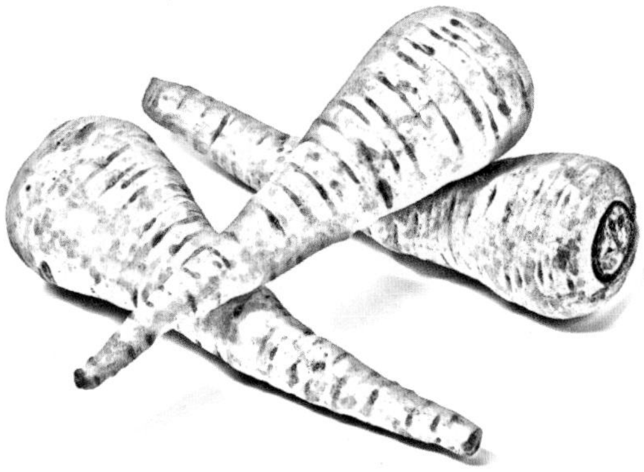

RILLETTES DE LAPIN CITRON ET ESTRAGON

RENDEMENT environ 900 g (2 lb)
MACÉRATION 12 heures
PRÉPARATION 1 heure
CUISSON 3 h
RÉFRIGÉRATION 2 heures

INGRÉDIENTS

4 cuisses de lapin d'environ 225 g (½ lb) chacune

250 ml (1 tasse) de vin blanc

20 g (1 c. à soupe) de sel

7 g (½ c. à soupe) de grains de poivre

3 clous de girofle

900 g (2 lb) de gras de canard

2 branches de thym

1 feuille de laurier

Le zeste de 2 citrons

45 ml (3 c. à soupe) d'estragon haché

PRÉPARATION

Désosser les cuisses de lapin et couper la chair en morceaux.

Dans un cul-de-poule, mettre la chair de lapin, le vin blanc, le sel, le poivre et le clou de girofle.

Recouvrir d'une pellicule de plastique et laisser mariner une nuit au réfrigérateur.

Le lendemain, préchauffer le four à 150 °C (300 °F).

Retirer la viande de la marinade et bien l'assécher avec du papier absorbant. Réserver la marinade.

Dans une casserole à fond épais, faire chauffer le gras de canard.

Déposer la chair de lapin délicatement dans le gras chaud. Ajouter le thym et le laurier.

Couvrir et cuire au four pendant 3 heures.

À la sortie du four, retirer les morceaux de viande de la casserole et réserver le gras.

Déposer la viande dans le bol du malaxeur et mélanger.

Rectifier l'assaisonnement, ajouter le zeste des citrons, l'estragon et 125 ml (½ tasse) de gras encore chaud.

Déposer les rillettes sur une plaque à pâtisserie recouverte d'un papier sulfurisé.

Presser les rillettes et réfrigérer 2 heures.

Tailler les rillettes en cubes ou en morceaux plus gros.

Servir les rillettes légèrement tempérées, accompagnées de fruits confits et de pain grillé.

CARN DE PAROL

PORTIONS 4
PRÉPARATION 15 minutes
CUISSON 2 h 30
RÉFRIGÉRATION 1 journée

INGRÉDIENTS

2 têtes de porcelet, coupées en 2
3 jarrets de porc
2 carottes
2 oignons, piqués de clous de girofle
2 poireaux
2 branches de céleri
3 feuilles de laurier
1 bouquet de thym
1 bouquet de persil plat, ciselé
6 gousses d'ail, hachées

PRÉPARATION

Dans une grande casserole à fond épais, placer les demi-têtes de porcelet avec les jarrets. Ajouter les carottes, les oignons, les poireaux, le céleri, le laurier et le thym. Couvrir d'eau froide et porter à ébullition.

Baisser le feu et cuire 2 heures à couvert et à frémissements en écumant régulièrement.

Retirer les viandes en prenant soin de les débarrasser des garnitures, puis les désosser.

Couper la viande et les parties viandeuses en petits morceaux. Réserver.

Filtrer le bouillon, le verser dans une casserole et le laisser réduire de moitié.

Mettre les morceaux de viande dans une casserole et verser le bouillon réduit sur le dessus. Ajouter le persil et l'ail et cuire 30 minutes à feu doux.

Déposer les cubes de viande dans une terrine, puis les couvrir du bouillon. Laisser tempérer.

Couvrir la terrine avec une pellicule plastique et laisser prendre au réfrigérateur au moins 1 journée.

Déguster cette terrine avec des concombres marinés (p. 195) et de la moutarde fumée (p. 49).

HURE DE CHAMPIGNONS

PORTIONS 10
PRÉPARATION 2 h 15
CUISSON 10 minutes

INGRÉDIENTS

750 ml (3 tasses) de consommé de bœuf clair ou de légumes

375 g (13 oz) cèpes congelés

100 g (3 ½ oz) de pleurotes

160 g (5 ½ oz) d'armillaires couleur de miel

8 g (4 c. à thé) d'agar-agar

15 ml (1 c. à soupe) de beurre

30 ml (2 c. à soupe) d'échalote française ciselée

60 ml (¼ tasse) de vin blanc

30 ml (2 c. à soupe) de persil haché

30 ml (2 c. à soupe) de ciboulette ciselée

4 g (2 feuilles) de gélatine

Sel et poivre

PRÉPARATION

Dans une casserole, faire bouillir le consommé de bœuf. Assaisonner avec le sel et le poivre.

Déposer les champignons dans la casserole et les faire pocher 3 minutes. Retirer les champignons du bouillon et réserver.

Rectifier l'assaisonnement du bouillon, puis y verser l'agar-agar en pluie fine en remuant vigoureusement à l'aide d'un fouet.

Porter de nouveau à ébullition, cuire 2 minutes, puis éteindre le feu.

Dans une poêle, faire mousser le beurre et sauter les champignons à feu moyen élevé pendant 2 minutes pour leur donner une belle coloration.

Diminuer le feu, ajouter l'échalote et cuire 2 minutes à feu doux.

Déglacer la préparation avec le vin blanc et faire réduire à sec.

Ajouter le persil et la ciboulette.

Dans un bol d'eau froide, faire gonfler les feuilles de gélatine quelques minutes, puis les essorer délicatement.

Ajouter la gélatine au bouillon encore chaud et remuer. Retirer du feu et laisser tiédir.

Chemiser un moule de 15 × 30 cm (6 × 12 po) avec de la pellicule plastique.

Placer les champignons dans le moule et les recouvrir avec le bouillon légèrement refroidi.

Laisser prendre au réfrigérateur au minimum 2 heures.

Couper la hure en 10 parts égales.

CROÛTE D'HERCULE GRATINÉE

PORTIONS 4
PRÉPARATION 2 heures
CUISSON 15 minutes

INGRÉDIENTS

PÂTE

5 g (1 c. à thé) de sucre

175 ml (¾ tasse) d'eau tiède à 38 °C (100 °F)

5 g (1 c. à thé) de levure sèche

250 g (2 tasses) de farine

2,5 ml (½ c. à thé) de sel

30 ml (2 c. à soupe) d'huile d'olive

125 ml (½ tasse) de crème fraîche

8 tranches de fromage l'Hercule (ou autre fromage à pâte ferme)

2 échalotes françaises, émincées

30 ml (2 c. à soupe) de miel naturel

Poivre du moulin

PRÉPARATION

Préparer la pâte. Dans un cul-de-poule, mélanger le sucre, l'eau et la levure.

Laisser monter la levure 15 minutes, puis ajouter la farine et le sel, et mélanger.

Pétrir la pâte 10 minutes.

Badigeonner la pâte d'huile d'olive.

Placer la pâte dans un grand bol et la couvrir d'une pellicule de plastique.

Laisser la pâte doubler de volume dans un endroit chaud, environ 1 h 30.

Préparer la croûte gratinée. Préchauffer le four à 230 °C (450 °F).

Diviser la pâte en 4 parts égales.

Étendre chaque part avec les mains pour former un ovale.

Sur une plaque à pâtisserie recouverte d'un papier sulfurisé, placer les pâtes côte à côte sans qu'elles se touchent.

Étendre 30 ml (2 c. à soupe) de crème fraîche sur chaque croûte comme une sauce à pizza.

Répartir les tranches de fromage sur les croûtes.

Enfourner 15 minutes.

À la sortie du four, parsemer les échalotes sur les croûtes, puis les asperger de miel. Poivrer généreusement.

LÀNGOS FARCIS AU FROMAGE DE CHÈVRE

PORTIONS 12
PRÉPARATION 1 h 30
CUISSON 10 minutes

INGRÉDIENTS

FARCE

150 g (5 oz) de fromage de chèvre
2 échalotes françaises, ciselées
30 ml (2 c. à soupe) de ciboulette ciselée
15 ml (1 c. à soupe) d'huile d'olive
Sel et poivre

PÂTE

5 g (1 c. à thé) de levure sèche
250 ml (1 tasse) d'eau tiède
175 g (1 ½ tasse) de farine tout usage
2,5 ml (½ c. à thé) de sel fin
1 pomme de terre (150 g/5 oz), cuite et réduite en purée
Un peu de farine

Huile pour la friture

PRÉPARATION

Préparer la farce. Dans un cul-de-poule, mettre le fromage, les échalotes, la ciboulette et l'huile. Assaisonner avec le sel et le poivre, et mélanger. Réserver au réfrigérateur.

Préparer la pâte. Dans un petit bol, mettre la levure, puis verser l'eau tiède. Mélanger et réserver jusqu'à ce que le mélange devienne mousseux.

Dans un cul-de-poule, mettre la farine et le sel. Faire un puits au centre et y déposer le mélange d'eau et de levure, et la pomme de terre en purée.

Mélanger avec les doigts jusqu'à ce que la préparation soit homogène.

Parsemer la pâte d'une fine couche de farine, puis la recouvrir d'un torchon humide.

Laisser gonfler la pâte dans un endroit chaud, à l'abri des courants d'air, pendant 1 h 30 ou jusqu'à ce que celle-ci ait doublé de volume.

Diviser la pâte en boules de 50 g (2 oz). Sur une surface farinée, abaisser les boules de pâte à environ 6 mm (¼ po) à l'aide d'un rouleau à pâtisserie.

Déposer 5 ml (1 c. à thé) de farce de fromage de chèvre au centre de chaque pâte et rabattre les bords en les soudant comme pour un chausson.

Préparer un bain de friture à 160 °C (325 °F).

Déposer les làngos dans la friteuse chaude et cuire jusqu'à ce qu'ils soient dorés. Égoutter sur un papier absorbant.

Ces petits pains farcis sont délicieux servis avec la trévise en pickles (p. 196). On peut aussi les préparer nature, sans farce au centre, pour accompagner une salade de crabe des neiges à la poire. Un régal!

La cuisine est une question de partage. Lorsque Anna m'a fait découvrir cette recette traditionnelle de son pays, je l'ai aussitôt servie avec une salade de crabe des neiges. Ce fut le choc des cultures ou tout simplement le rapprochement des cultures.

FONDUE DE GRONDINES

PORTIONS 4
PRÉPARATION 2 h 15
CUISSON 5 minutes

INGRÉDIENTS

FONDUE

- 25 g (2 c. à soupe) de beurre
- 15 g (2 c. à soupe) de farine
- 250 ml (1 tasse) de lait 3,25 %
- 454 g (1 lb) de fromage Tomme de Grondines (ou autre fromage à pâte ferme et à croûte lavée), râpé

PANURE

- 3 œufs
- 125 ml (½ tasse) de lait
- 125 g (1 tasse) de farine
- 200 g (2 tasses) de chapelure
- 50 g (½ tasse) de poudre de noisette

Huile pour friture

PRÉPARATION

Dans une casserole à fond épais, faire fondre le beurre sans coloration.

Ajouter la farine en brassant constamment à l'aide d'un fouet pendant 3 minutes.

Verser le lait petit à petit sur la préparation de farine en brassant continuellement. Cuire 5 minutes à feu doux.

Ajouter le fromage en brassant à l'aide d'une cuillère de bois.

Verser la fondue dans un plat chemisé d'une pellicule plastique.

Réfrigérer 2 heures.

Tailler la fondue en bâtonnets. Déposer les bâtonnets sur une plaque à pâtisserie recouverte de papier sulfurisé et congeler.

Préparer la panure. Dans un bol, mélanger les œufs et le lait.

Dans un plat, verser la farine et, dans un autre plat, la chapelure et la poudre de noisette.

Rouler les bâtonnets dans la farine, puis les secouer pour en retirer l'excédent.

À l'aide d'une fourchette, tremper les bâtonnets dans la préparation d'œufs et de lait, puis dans le mélange de chapelure et de poudre de noisette. Répéter cette opération.

Conserver les fondues au congélateur.

Au moment de servir, préparer un bain de friture à 160 °C (325 °F).

Cuire les fondues dans l'huile environ 5 minutes, ou jusqu'à ce que la panure soit dorée et le fromage légèrement fondu à l'intérieur. Égoutter sur du papier absorbant. Assaisonner.

BÂTONNETS DE 1608 FUMÉ

PORTIONS 4
PRÉPARATION 25 minutes
CUISSON 10 minutes

INGRÉDIENTS

300 g (⅔ lb) de fromage 1608 (ou autre fromage à pâte ferme)

3 œufs

125 ml (½ tasse) de lait

2,5 ml (½ c. à thé) de sel fin

1,25 ml (¼ c. à thé) de poivre moulu

100 g (¾ tasse) de farine tout usage

200 g (2 tasses) de chapelure panko

Huile pour la friture

Copeaux de bois

PRÉPARATION

Démarrer le fumoir. Dans une vieille poêle, chauffer les copeaux de bois sur la cuisinière.

Couper le fromage en bâtonnets de 5 × 1 cm (2 × ½ po), puis les déposer sur une grille.

Verser les copeaux de bois fumants dans un cul-de-poule, déposer la grille sur le dessus et faire fumer les bâtonnets de fromage 5 minutes à couvert.

Déposer les bâtonnets sur une assiette, les recouvrir d'une pellicule plastique et réfrigérer.

Dans un bol, mélanger les œufs et le lait, et assaisonner de sel et de poivre.

Dans un plat, verser la farine et dans un autre plat, la chapelure.

Rouler les bâtonnets, un à un, dans la farine, puis les secouer pour en retirer l'excédent.

À l'aide d'une fourchette, tremper les bâtonnets dans la préparation d'œufs, puis dans la chapelure. Répéter cette opération. Réserver sur une plaque avec un peu de chapelure, au froid.

Préparer un bain de friture à 180 °C (350 °F).

Cuire les morceaux de fromage dans l'huile de 5 à 8 minutes ou jusqu'à ce que la panure soit dorée et le fromage légèrement fondu à l'intérieur. Égoutter sur du papier absorbant et laisser tiédir légèrement avant de servir.

Accompagner d'une compote de fruits, de crème sure parfumée à la truffe ou de quelques feuilles de roquette et du miel naturel.

SEPARATOR
COMPANY
GENERAL OFFICES
165 BROADWAY
NEW YORK

GOUJONNETTES DE POISSON BLANC

PORTIONS 4
PRÉPARATION 45 minutes
CUISSON 4 minutes

INGRÉDIENTS

300 g (⅔ lb) de poisson blanc (morue, aiglefin, flétan)

100 g (¾ tasse) de farine tout usage

200 g (2 tasses) chapelure panko

3 œufs

125 ml (½ tasse) de lait

Sel et poivre

Huile pour la friture

PRÉPARATION

Tailler le poisson en bâtonnets d'environ 5 × 1 cm (2 × ½ po).

Dans un bol, verser la farine et, dans un autre, la chapelure. Assaisonner la farine avec du sel et du poivre.

Dans un troisième bol, mélanger les œufs et le lait.

Rouler les bâtonnets de poisson un à un dans la farine, puis les secouer pour en retirer l'excédent.

Tremper les bâtonnets dans le mélange d'œufs, puis dans la chapelure. Répéter cette opération.

Rouler les bâtonnets entre les mains pour former de beaux rouleaux (goujonnettes).

Préparer un bain de friture à 180 °C (350 °F).

Cuire les goujonnettes dans l'huile pendant 3 minutes ou jusqu'à ce que la panure soit dorée. Égoutter sur du papier absorbant.

Servir les goujonnettes chaudes accompagnées de mayonnaise épicée (p. 200).

DÉS DE SAUMON FRITS

PORTIONS 4
PRÉPARATION 2 h 30
CUISSON 10 minutes

INGRÉDIENTS

454 g (1 lb) de filet de saumon

MARINADE

30 g (2 c. à soupe) de gros sel

1,25 ml (¼ c. à thé) de cinq-épices

25 g (2 c. à soupe) de cassonade

125 ml (½ tasse) d'huile végétale

Sel et poivre

PRÉPARATION

Enlever la peau du saumon et la ligne brunâtre entre la peau et la chair du poisson.

Couper le saumon en cubes d'environ 2,5 cm (1 po).

Préparer la marinade. Dans un grand bol, mélanger le sel, le cinq-épices, la cassonade. Ajouter les cubes de saumon et bien les enrober.

Laisser mariner au réfrigérateur 2 heures.

Retirer les cubes de la marinade et rincer à l'eau froide.

Éponger le saumon sur un linge propre et réserver au réfrigérateur.

Dans une poêle à fond épais, verser l'huile végétale et faire chauffer à feu élevé.

Déposer délicatement les cubes de saumon dans l'huile, en faisant attention aux éclaboussures. Cuire de chaque côté pendant 2 minutes.

Déposer sur du papier absorbant et assaisonner.

Servir chaud, accompagné de mayonnaise à la cannelle et à l'érable (p. 201).

BOUCHÉES ET ENTRÉES

PATTES DE PIEUVRE CONFITES

PORTIONS 8
PRÉPARATION 30 minutes
CUISSON 50 minutes

INGRÉDIENTS

1 pieuvre à 8 tentacules

COURT-BOUILLON

1 orange

1 citron

3 litres (12 tasses) d'eau

100 g (3½ oz) de gingembre frais, émincé

1 oignon jaune, émincé

6 gousses d'ail, émincées

1 vert de poireau, coupé en tronçons

PRÉPARATION

Séparer la tête et les tentacules de la pieuvre pour obtenir 9 morceaux. Réserver.

Prélever l'écorce de l'orange et du citron.

Dans une grande casserole, verser l'eau, puis ajouter les écorces de citron et d'orange, le gingembre, l'oignon, l'ail et le vert de poireau.

Porter à ébullition, laisser mijoter 10 minutes à feu doux, puis retirer la garniture.

Plonger la tête et les tentacules de la pieuvre dans la casserole, porter de nouveau à ébullition, puis réduire le feu au minimum.

Cuire à frémissements doux 50 minutes, puis éteindre le feu.

Retirer délicatement la pieuvre de l'eau, puis la déposer sur une plaque de cuisson.

Refroidir la pieuvre au réfrigérateur.

Servir la pieuvre froide ou réchauffée sur le barbecue, ou dans la poêle avec un peu d'huile d'olive.

Délicieuses avec le tzatziki de tomates vertes (p. 205).

Cette pieuvre, parfumée à l'eau de cuisson aromatisée au gingembre et aux agrumes, frétillera des tentacules avec un vin rosé, servi pas trop froid, tout comme avec une bière de type IPA, servie dans un verre à vin. Il ne reste qu'à sélectionner dans votre baladeur Octopus's Garden, *des Beatles et à monter le volume. F. C.*

LES ÉPERLANS DE L'ONCLE JACQUES

PORTIONS 4 à 6
PRÉPARATION 20 minutes
CUISSON 4 minutes

INGRÉDIENTS

250 g (2 tasses) de farine

1 œuf

125 ml (½ tasse) de lait

454 g (1 lb) d'éperlans étêtés et vidés

Sel et poivre

Huile pour friture

PRÉPARATION

Préparer un bain de friture à 180 °C (350 °F).

Dans un bol, assaisonner la farine avec le sel et le poivre.

Dans un autre bol, mélanger l'œuf et le lait.

Fariner les éperlans, une petite quantité à la fois, en les secouant pour retirer l'excédent de farine.

Plonger les éperlans dans le mélange d'œuf et de lait, puis les passer de nouveau dans la farine.

Réserver les éperlans sur une assiette en évitant qu'ils se chevauchent.

Au moment de servir, plonger les éperlans dans l'huile 4 minutes.

Les déposer sur du papier absorbant et les assaisonner. Servir aussitôt, accompagnés d'aïoli à l'ail noir (p. 200).

TACOS DE BUCCINS

PORTIONS 8
PRÉPARATION 25 minutes
CUISSON 25 minutes

INGRÉDIENTS

- 2 pots de 114 g (4 oz) de buccins (bourgots) en saumure
- 15 ml (1 c. à soupe) d'huile d'olive
- 1 échalote française, ciselée finement
- 5 ml (1 c. à thé) de cumin moulu
- Le jus et le zeste de 1 lime
- ½ piment jalapeno, coupé en brunoise
- 2 tomates, mondées, épépinées et coupées en brunoise
- ½ concombre anglais, coupé en fines rondelles
- 8 petites tortillas de maïs de 12 cm (5 po)
- 60 ml (¼ tasse) de coriandre fraîche ciselée
- 120 ml (½ tasse) de crème sure

PRÉPARATION

Dans une passoire, égoutter et rincer les buccins sous l'eau froide. Assécher les buccins avec du papier absorbant et les émincer finement (3 mm / ⅛ po).

Dans une casserole, faire fondre l'échalote avec l'huile d'olive pendant 2 minutes à feu doux.

Ajouter le cumin et le zeste de lime.

Ajouter les buccins et les réchauffer doucement environ 5 minutes. Retirer du feu et réserver jusqu'à refroidissement complet.

Ajouter le jalapeno, les tomates et le jus de lime.

Placer les tranches de concombre sur les tortillas, garnir avec l'appareil de buccins.

Répartir la coriandre et la crème sure sur chacune des tortillas et rouler.

MOUSSE DE M. ÉMILE, GELÉE DE MENTHE

PORTIONS 4
PRÉPARATION 30 minutes
CUISSON 10 minutes

INGRÉDIENTS

MOUSSE

60 ml (¼ tasse) de crème 35 % chaude

200 g (7 oz) de fromage M. Émile (ou autre fromage de chèvre)

8 g (4 feuilles) de gélatine

250 ml (1 tasse) de crème 35 %

Sel et poivre

GELÉE

4 g (2 feuilles) de gélatine

250 ml (1 tasse) d'eau

45 g (3 ½ c. à soupe) de sucre

2 tiges de menthe fraîche

2 g (1 c. à thé) d'agar-agar

PRÉPARATION

Préparer la mousse. Dans un bain-marie, verser la crème chaude et faire fondre le fromage.

Pendant ce temps, mettre les feuilles de gélatine dans un bol d'eau froide et les laisser gonfler.

Dans un cul-de-poule, monter le reste de la crème.

Essorer les feuilles de gélatine, puis les ajouter à la préparation de fromage.

Faire fondre la gélatine dans le fromage, puis refroidir la préparation à 35 °C (95 °F).

À l'aide d'une spatule, incorporer la préparation de fromage à la crème montée en pliant.

Rectifier l'assaisonnement. Réserver au froid.

Préparer la gelée. Mettre les feuilles de gélatine dans un bol d'eau froide et les laisser gonfler.

Dans une casserole, mettre l'eau, le sucre et la menthe, et porter à ébullition.

Retirer du feu et laisser infuser 10 minutes.

Filtrer la préparation, la remettre dans la casserole et porter à ébullition de nouveau.

Incorporer l'agar-agar en fouettant.

Retirer du feu, essorer les feuilles de gélatine, puis les ajouter à la préparation en brassant.

Faire prendre la gelée au réfrigérateur.

Au moment de servir, déposer une petite quantité de mousse au fromage au centre d'une assiette et garnir d'un peu de gelée de menthe.

MOUSSE DE FOIES DE VOLAILLE, GELÉE D'HIBISCUS ET DE FRAMBOISES

PORTIONS 4
PRÉPARATION 6 heures
CUISSON 4 minutes

INGRÉDIENTS

MOUSSE

250 ml (1 tasse) de foies de volaille

12 g (1 c. à soupe) de beurre

1 échalote française, ciselée finement

30 ml (1 oz) de porto

60 ml (¼ tasse) de crème 35 %

115 g (¼ lb) de beurre, coupé en dés

Sel et poivre

GELÉE

10 framboises fraîches ou congelées

15 g (1 c. à soupe) de sucre blanc

250 ml (1 tasse) d'eau bouillante

2 g (3 c. à thé) de fleurs d'hibiscus séchées

4 g (2 feuilles) de gélatine

PRÉPARATION

Préparer la mousse. Nettoyer les foies en retirant le maximum de veines.

Dans une poêle, faire colorer les foies 2 minutes de chaque côté dans 12 g (1 c. à soupe) de beurre.

Ajouter l'échalote, déglacer avec le porto, puis ajouter la crème.

Verser la préparation de foies dans le bol du robot culinaire et ajouter le beurre.

Mélanger rapidement, pour ne pas trop refroidir la préparation, jusqu'à l'obtention d'une texture lisse et homogène. Passer au tamis.

Verser la mousse dans 4 contenants de 150 ml (²/₃ tasse) en conservant un peu d'espace pour la gelée. Réfrigérer.

Préparer la gelée. Dans un bol, écraser les framboises avec le sucre.

Verser l'eau bouillante sur les framboises et ajouter les fleurs d'hibiscus. Laisser infuser 15 minutes, puis filtrer.

Dans un bol d'eau froide, faire gonfler la gélatine quelques minutes, puis l'essorer délicatement.

Faire fondre la gélatine dans l'infusion.

Verser la gelée partiellement refroidie sur les mousses de foies.

Réfrigérer 4 heures avant de servir.

Si la gelée est préparée une journée à l'avance, couvrir celle-ci d'une pellicule plastique pour éviter qu'elle sèche.

Saviez-vous que la framboise est aussi florale et fruitée que le sont les fleurs séchées d'hibiscus ? Le chef « renifleur » Modat le savait, lui – et moi aussi, bon ! Et qui dit notes florales de ces deux ingrédients dit tout aussi vins rouges floraux de cabernet franc plantés sur les terroirs de Chinon, de Bourgueil et de Saumur-Champigny. F. C.

CARPACCIO DE TOMATES DE M. BLOUIN

PORTIONS 4
PRÉPARATION 20 minutes
MACÉRATION 1 journée
CUISSON 2 minutes

INGRÉDIENTS

HUILE D'OLIVES NOIRES

125 ml (½ tasse) d'olives noires séchées au soleil (marocaines), dénoyautées

250 ml (1 tasse) d'huile d'olive

CRÈME DE CRESSON

500 ml (2 tasses) de cresson

125 ml (½ tasse) de crème 35 %

5 tomates « cœur de bœuf » de M. Blouin ou tomates de saison, mûres

120 g (4 oz) de fromage de chèvre

Fleur de sel

PRÉPARATION

Préparer l'huile d'olive noire. Dans le bol du mélangeur, mettre les olives et l'huile d'olive. Mixer à vitesse maximale quelques secondes.

Verser le mélange dans un pot Mason et laisser infuser une journée à température ambiante. Les particules d'olive se déposeront au fond.

Le lendemain, filtrer sans trop remuer.

Préparer la crème de cresson. Dans une casserole d'eau bouillante salée, blanchir le cresson 20 secondes, puis le refroidir rapidement dans un récipient d'eau glacée. Réserver.

Dans une autre casserole, faire chauffer la crème.

Dans le bol du mélangeur, mettre la crème et le cresson. Mixer à vitesse maximale jusqu'à l'obtention d'une préparation homogène.

Passer au tamis et rectifier l'assaisonnement. Réserver au réfrigérateur.

Au moment de servir, couper les tomates en tranches très fines et les déposer en rosaces dans une assiette de service.

Assaisonner avec la fleur de sel et asperger d'huile d'olive noire.

Déposer la crème de cresson en filet sur les tomates, puis égrainer le fromage de chèvre sur le dessus.

Utiliser le dépôt de l'huile d'olive comme tapenade pour des croûtons.

FLAN DE CÈPES

PORTIONS 4
PRÉPARATION 1 h 30
CUISSON 50 minutes

INGRÉDIENTS

227 g (½ lb) de cèpes, coupés en dés
15 ml (1 c. à soupe) d'huile d'olive
60 ml (¼ tasse) de vin blanc
125 ml (½ tasse) de crème 35 %
125 ml (½ tasse) de lait
5 œufs
Sel et poivre

PRÉPARATION

Préchauffer le four à 150 °C (300 °F).

Dans une sauteuse, faire colorer les dés de cèpes dans l'huile d'olive.

Déglacer les champignons avec le vin blanc et faire réduire à sec.

Ajouter la crème et porter à ébullition.

Laisser mijoter 5 minutes, puis retirer du feu.

Dans le bol du mélangeur, verser le lait, les œufs et la préparation de champignons.

Mixer à puissance maximale, puis passer au tamis. Rectifier l'assaisonnement.

Verser l'appareil dans un moule chemisé avec du papier sulfurisé.

Préparer un bain-marie. Déposer le moule dans une lèchefrite. Verser de l'eau dans la lèchefrite jusqu'aux trois quarts de la hauteur du moule.

Cuire au four 45 minutes.

Retirer le moule du bain-marie et réfrigérer.

Au moment de servir, retourner le moule sur une planche à découper et retirer le papier sulfurisé.

Couper le flan en 4 bandes égales.

Déposer les flans dans les assiettes et accompagner de salade de dés de courge (p. 140).

CHARDONNAY! Ah, je pensais que j'étais dans le jeu télévisé La Guerre des clans, *où s'affrontaient la famille Chartier et le clan Modat-Sévigny… Bon, vous avez compris que tant les cèpes que la courge Butternut sont du sur-mesure pour faire résonner haut et fort les arômes des vins de chardonnay, plus particulièrement ceux ayant séjourné en barrique de chêne, avec qui ils partagent le même profil aromatique. Histoire de famille aromatique quoi! F. C.*

POTAGE DE FANES DE NAVET

PORTIONS 4
PRÉPARATION 30 minutes
CUISSON 30 minutes

INGRÉDIENTS

454 g (1 lb) de fanes de navet

1 oignon jaune moyen, émincé

15 ml (1 c. à soupe) de beurre salé

15 ml (1 c. à soupe) d'huile d'olive

250 ml (1 tasse) de bouillon de légumes

500 ml (2 tasses) de crème 35 %

Sel et poivre

PRÉPARATION

Nettoyer les fanes de navet sous l'eau et retirer la tige fibreuse de chaque feuille.

Dans une grande casserole d'eau bouillante salée, blanchir les feuilles de navet quelques secondes, puis les refroidir aussitôt dans un récipient d'eau glacée pour arrêter la cuisson.

Égoutter les fanes et bien les essorer. Réserver.

Dans une casserole, à feu doux, faire suer l'oignon avec le beurre et l'huile d'olive.

Mouiller avec le bouillon de légumes et la crème, puis laisser mijoter 15 minutes.

Hacher les feuilles de navet grossièrement à l'aide d'un couteau.

Placer la moitié des feuilles de navet dans le bol du mélangeur et ajouter la moitié du liquide. Mixer jusqu'à l'obtention d'une préparation lisse.

Répéter l'opération avec le reste des ingrédients.

Passer au tamis et rectifier l'assaisonnement.

Arrêter la cuisson du potage en le plaçant rapidement au réfrigérateur ou sur un bol rempli de glace.

Servir le potage accompagné de pain grillé ou d'une crème montée.

Pour réaliser une belle purée verte qui accompagnera à merveille un poisson grillé, procéder de la même façon, mais en supprimant le de bouillon de légumes.

CRÈME DE HARICOTS ROUGES AU CHORIZO DE PIERRE OTEIZA

PORTIONS 4
PRÉPARATION 5 minutes
CUISSON 30 minutes

INGRÉDIENTS

1 oignon jaune moyen, émincé

30 ml (2 c. à soupe) d'huile d'olive

1 gousse d'ail, écrasée

60 g (2 oz) de chorizo, coupé en dés

500 ml (2 tasses) de haricots rouges cuits, rincés et égouttés

750 ml (3 tasses) de bouillon de volaille

Sel et poivre

PRÉPARATION

Dans une casserole, à feu doux, faire suer l'oignon avec l'huile d'olive 5 minutes, sans coloration.

Ajouter l'ail et cuire 1 minute en remuant constamment.

Ajouter les dés de chorizo et cuire 1 minute sans cesser de remuer.

Ajouter les haricots, puis mouiller avec le bouillon de volaille. Porter à ébullition et cuire 20 minutes.

Verser dans le bol d'un mélangeur et mixer à puissance maximale.

Passer au tamis et rectifier l'assaisonnement.

Servir accompagné de croûtons rôtis et d'un filet d'huile parfumée.

CARPACCIO DE BISON, COPEAUX DE FROMAGE L'HERCULE

PORTIONS 4
PRÉPARATION 2 h 30
CUISSON —

INGRÉDIENTS

285 g (5/8 lb) de filet de bison (ou de bœuf)

MOUTARDE FUMÉE

30 ml (2 c. à soupe) de moutarde de Dijon

30 ml (2 c. à soupe) de moutarde de Meaux

15 ml (1 c. à soupe) de sirop d'érable

30 ml (2 c. à soupe) d'huile d'olive

6 œufs de caille au vinaigre (du commerce), coupés en 2

4 croûtons de pain à l'huile d'olive

90 g (3 oz) de fromage l'Hercule (ou de fromage à pâte ferme)

Poivre du moulin

PRÉPARATION

Démarrer le fumoir (il peut être artisanal, voir p. 32).

Enrouler le bison dans de la pellicule plastique pour lui donner une belle forme ronde.

Placer le bison au congélateur 2 heures pour qu'il soit plus facile à trancher.

Dans un bol, mélanger les moutardes et le sirop d'érable.

Étaler la préparation sur une plaque allant au fumoir.

Faire fumer le mélange de moutardes 5 minutes.

Recouvrir la plaque de pellicule plastique et réserver au réfrigérateur.

À l'aide d'un couteau du chef, couper le bison congelé en tranches très fines.

Disposer la viande dans une assiette de service.

Badigeonner la viande d'huile d'olive.

Garnir avec les œufs de caille, la moutarde fumée, les croûtons de pain et des copeaux de fromage. Assaisonner au goût.

Comme l'Hercule de la mythologie romaine était un grand voyageur, et qu'il y a dans cette recette une délirante moutarde à l'érable et fumée – il n'y a que l'ami Modat pour penser à fumer de la moutarde ! –, il faut ici servir un vin blanc richissime, venant d'au-delà des mers… comme c'est le cas des vins blancs australiens de roussanne ou de sémillon, fermentés et élevés en barriques. Et sortez le vin du réfrigérateur au moins 20 minutes avant de le servir, le voyage n'en sera que plus grand ! F. C.

YAKITORI DE CŒURS DE CANARD

PORTIONS 2
MACÉRATION 3 heures
PRÉPARATION 30 minutes
CUISSON 1 h 10

INGRÉDIENTS

225 g (½ lb) de cœurs de canard

45 ml (3 c. à soupe) de sirop d'érable

60 ml (¼ tasse) de vin blanc

15 ml (1 c. à soupe) de gingembre frais haché

2 gousses d'ail, hachées

Brochettes de bambou

LAQUE

125 ml (½ tasse) de sirop d'érable

60 ml (¼ tasse) de vin blanc

PACANES AU SOYA

1 blanc d'œuf

15 ml (1 c. à soupe) de sauce soya

250 ml (1 tasse) de pacanes

SALADE

½ laitue frisée, émincée

30 ml (2 c. à soupe) d'huile d'olive

15 ml (1 c. à soupe) de vinaigre balsamique blanc

Sel et poivre

PRÉPARATION

Retirer les fines membranes et le gras sur les cœurs de canard, et les couper en 2.

Dans un bol, mettre les cœurs de canard, le sirop d'érable, le vin blanc, le gingembre et l'ail. Couvrir d'une pellicule plastique et laisser mariner 3 heures au réfrigérateur.

Pendant ce temps, faire tremper les brochettes de bambou dans l'eau.

Préparer la laque. Dans une casserole, mélanger le sirop d'érable et le vin blanc, et faire réduire de moitié. Réserver.

Préparer les pacanes. Préchauffer le four à 120 °C (250 °F).

Dans un bol, fouetter le blanc d'œuf pour le faire mousser. Ajouter la sauce soya et mélanger.

Ajouter les pacanes et bien les enrober du mélange.

Retirer le surplus de blanc d'œuf et étendre les pacanes sur une plaque à pâtisserie recouverte d'un papier sulfurisé.

Cuire au four 1 heure en remuant toutes les 15 minutes.

Laisser refroidir et réserver.

Préparer les brochettes. Retirer les cœurs de la marinade.

Enfiler les cœurs de canard sur les brochettes et les assaisonner avec le sel et le poivre.

Griller les brochettes 2 minutes de chaque côté, ou plus selon la cuisson désirée, en les badigeonnant avec la laque. Réserver au chaud.

Préparer la salade. Dans un bol, mélanger la laitue avec l'huile d'olive et le vinaigre balsamique. Ajouter les pacanes.

Servir les brochettes chaudes, accompagnées de salade.

BOUCHÉES ET ENTRÉES

TARTARE DE CŒUR DE CERF

PORTIONS 4
PRÉPARATION 25 minutes
CUISSON —

INGRÉDIENTS

454 g (1 lb) de cœur de cerf

MAYONNAISE

1 jaune d'œuf

15 ml (1 c. à soupe) de moutarde à la bière

45 ml (3 c. à soupe) d'huile d'arachide

2 échalotes françaises, hachées

15 ml (1 c. à soupe) de câpres, hachées

15 ml (1 c. à soupe) d'estragon ciselé

15 ml (1 c. à soupe) de persil ciselé

15 ml (1 c. à soupe) de ciboulette ciselée

1 pincée de piment (facultatif)

Sel et poivre

PRÉPARATION

Retirer les veines, les membranes et le gras recouvrant le cœur de cerf.

À l'aide d'un couteau, couper le cœur en petits cubes et les placer dans un bol froid.

Recouvrir le bol de pellicule plastique et réserver au réfrigérateur jusqu'au moment de servir.

Préparer la mayonnaise. Dans un bol, mettre l'œuf, la moutarde, puis incorporer l'huile d'arachide en filet en remuant délicatement à l'aide d'un fouet. Ajouter les aromates. Réserver.

Au moment de servir, ajouter la viande à la sauce et mélanger.

Goûter et rectifier l'assaisonnement au besoin.

Pour accentuer la saveur boisée du cerf, ajouter une pincée de poudre de cèdre (p. 209).

On peut remplacer le cœur de cerf par du cœur de bœuf ou toute autre viande au goût. L'important, pour le tartare, c'est l'assaisonnement.

FOIE GRAS POÊLÉ À LA DEXTER

PORTIONS 4
PRÉPARATION 1 h 30
CUISSON 8 minutes

CARAMEL DE BETTERAVE

INGRÉDIENTS

500 ml (2 tasses) de jus de betterave rouge (du commerce ou maison)

200 g (1 tasse) de sucre

PRÉPARATION

Dans une casserole, mélanger le jus de betterave et le sucre, et porter à ébullition.

Faire réduire le sirop de moitié, à feu doux.

Filtrer le sirop à l'étamine et réserver au froid.

CANNEBERGES CONFITES AU ROMARIN

INGRÉDIENTS

200 g (1 tasse) de sucre

250 ml (1 tasse) d'eau

1 branche de romarin

250 ml (1 tasse) de canneberges entières congelées

PRÉPARATION

Dans une casserole, mélanger le sucre et l'eau, et porter à ébullition.

Retirer du feu, ajouter le romarin et laisser infuser 15 minutes.

Retirer le romarin. Porter de nouveau à ébullition et ajouter les canneberges congelées.

Couvrir et laisser infuser une nuit au réfrigérateur.

Pour une saveur plus locale, remplacer le romarin par des bourgeons de sapin. ›››

BLEUETS AU CARAMEL

INGRÉDIENTS

200 g (1 tasse) de sucre

125 ml (½ tasse) d'eau chaude

250 ml (1 tasse) de bleuets sauvages

1 anis étoilé

2 clous de girofle

PRÉPARATION

Dans une casserole à feu doux, faire un caramel avec 60 ml (¼ tasse) d'eau et le sucre.

Déglacer le caramel avec le reste d'eau chaude.

Porter à ébullition, ajouter les bleuets et les épices.

Couvrir et laisser infuser une nuit au réfrigérateur.

ARGOUSIER AU MIEL

INGRÉDIENTS

250 ml (1 tasse) de miel

125 ml (½ tasse) d'eau

250 ml (1 tasse) de baies d'argousier entières, congelées

PRÉPARATION

Dans une casserole, mélanger le miel et l'eau, et porter à ébullition.

Ajouter les baies d'argousier.

Couvrir et laisser infuser une nuit au réfrigérateur.

CASSIS AU SIROP DE GENIÈVRE

INGRÉDIENTS

250 g (1¼ tasse) de sucre

125 ml (½ tasse) d'eau

10 baies de genièvre, écrasées

250 ml (1 tasse) de baies de cassis entières, congelées

PRÉPARATION

Dans une casserole, mélanger le sucre et l'eau, et porter à ébullition.

Retirer du feu, ajouter les baies de genièvre et laisser infuser 15 minutes.

Filtrer le sirop, puis le remettre dans la casserole. Porter de nouveau à ébullition et ajouter les baies de cassis congelées.

Couvrir et laisser infuser une nuit au réfrigérateur.

FLEUR DE SEL À LA *PEPPERMINT*

INGRÉDIENTS

30 ml (2 c. à soupe) de fleur de sel

30 ml (2 c. à soupe) de *peppermints* réduites en poudre (oui, oui, le bonbon !)

PRÉPARATION

Dans un bol, mélanger la fleur de sel et la poudre de *peppermint*.

AMANDES CARAMÉLISÉES À L'ÉRABLE

INGRÉDIENTS

125 ml (½ tasse) de sirop d'érable

125 g (1 tasse) d'amandes blanches entières

30 ml (2 c. à soupe) de gingembre haché

1 pincée de fleur de sel

PRÉPARATION

Dans une casserole, porter à ébullition le sirop d'érable. Faire réduire de moitié à feu moyen.

Ajouter les amandes, le gingembre et la fleur de sel.

Remuer sans arrêt pendant quelques minutes, jusqu'à ce que l'eau se soit évaporée et que le sucre cristallise sur les amandes. Retirer du feu.

Répartir les amandes immédiatement sur une plaque recouverte de papier sulfurisé.

Laisser refroidir complètement, puis ranger dans un contenant hermétique.

Les amandes deviendront craquantes quelques heures après leur préparation.

FOIE GRAS

INGRÉDIENTS

4 escalopes de foie gras de 70 g (2½ oz)

PRÉPARATION

Assaisonner les escalopes de foie gras avec le sel et le poivre.

Dans une poêle bien chaude, cuire les escalopes de 3 à 4 minutes à feu moyen, puis les retourner.

Poursuivre la cuisson quelques minutes ou jusqu'à ce que l'intérieur du foie soit cuit à point. Au besoin, vérifier la cuisson à l'aide de la pointe d'un couteau.

Une fois la cuisson terminée, égoutter les escalopes sur un papier absorbant, puis les déposer au centre des assiettes. Décorer les contours des escalopes avec les fruits confits et les amandes caramélisées. Assaisonner avec un peu de fleur de sel à la *peppermint*.

Les fruits confits accompagnent aussi les charcuteries et les fromages.

Le sang de votre victime… Bon, trêve de plaisanteries. Un autre plat signature du maestro, inspiré – dans l'assiette, pas dans ses gestes du quotidien ! – par Dexter, le héros de la série télévisée du même nom, où betterave rouge, canneberges, clous de girofle et anis étoilé donnent la piste aromatique d'un accord en rouge. Plus spécialement avec les grands vins de la Ribera del Duero, ainsi que de Lalande-de-Pomerol, sans oublier ceux de Côte-Rôtie. Large comme choix ? Oui. Mais il y a un lien entre ces vins et ces ingrédients. À vous de le trouver avec votre nez. F. C.

GRAVLAX DE SAUMON CARAMÉLISÉ

PORTIONS 8
PRÉPARATION 1 heure
MACÉRATION 12 heures
CUISSON —

INGRÉDIENTS

150 ml (2/3 tasse) de gros sel de mer

95 ml (3/8 tasse) de sauce soya

95 ml (3/8 tasse) de sirop d'érable

1 filet de saumon frais avec la peau (environ 2 kg/4 1/2 lb)

Le zeste de 1 orange

PRÉPARATION

Dans un saladier, mettre le sel, la sauce soya, le sirop d'érable et mélanger.

Déposer une fine couche du mélange au fond d'un plat en pyrex.

Placer le saumon, côté peau, sur le mélange.

Déposer le zeste d'orange sur la chair du saumon, puis étaler le reste du mélange sur le dessus.

Couvrir d'une pellicule de plastique et réfrigérer environ 12 heures.

Retirer la pellicule de plastique et rincer le saumon sous l'eau froide. Bien éponger.

Placer le filet de saumon au réfrigérateur sans le recouvrir pour le faire sécher.

À l'aide d'un couteau bien affûté, retirer la peau et la partie brunâtre sous le filet.

Poser le filet sur une grille et le brûler à l'aide d'un chalumeau, pour obtenir une belle caramélisation.

Au moment de servir, tailler le filet en fines tranches, comme pour un sashimi.

SAUMON FUMÉ DE SAINTE BRIGITTE

PORTIONS 2 filets
PRÉPARATION 1 h 30
MACÉRATION 10 heures
CUISSON 2 heures

INGRÉDIENTS

1 saumon d'environ 3,5 à 4,5 kg (8 à 10 lb)

250 ml (1 tasse) de gros sel

125 ml (½ tasse) de sucre d'érable

PRÉPARATION

À l'aide d'un couteau bien affûté, lever les filets du saumon, puis enlever les arêtes.

Dans un bol, mélanger le sel et le sucre.

Sur une plaque à pâtisserie, déposer une petite quantité du mélange (environ 90 ml / 6 c. à soupe), puis déposer les filets, côté peau, sur le dessus.

Répartir le reste du mélange sur les 2 filets.

Réfrigérer une nuit ou au minimum 10 heures.

Le lendemain, retirer le surplus de saumure et rincer les filets sous l'eau froide.

Placer les filets côté peau sur une grille, puis les remettre au réfrigérateur environ 1 heure sans les couvrir pour les faire sécher.

Dans un fumoir, placer un bac avec de la glace entre le saumon et la source de fumée.

Placer les filets de saumon dans le fumoir au-dessus du bac. Faire fumer les filets pendant 2 heures.

À la sortie du fumoir, emballer immédiatement les filets de saumon dans de la pellicule plastique.

Si le poisson est frais, il peut être difficile d'enlever les arêtes. Dans ce cas, attendre après la salaison. Il est aussi possible de demander au poissonnier de lever les filets.

BRANDADE DE HADDOCK

PORTIONS 4
PRÉPARATION 4 heures
CUISSON 45 minutes

INGRÉDIENTS

1 petite de pomme de terre d'environ 100 g (3½ oz), épluchée et coupée en dés

250 ml (1 tasse) d'eau

1 gousse d'ail, coupée grossièrement

225 g (½ lb) de haddock, coupé en morceaux

310 ml (1¼ tasse) de crème 35 %

6 g (3 feuilles) de gélatine

Le zeste de 1 citron

30 ml (2 c. à soupe) de ciboulette ciselée

PRÉPARATION

Dans une casserole, mettre la pomme de terre, l'eau et la gousse d'ail.

Cuire la pomme de terre, puis l'écraser à l'aide d'une fourchette pour la réduire en purée avec l'ail.

Ajouter le haddock fumé et 60 ml (¼ tasse) de crème.

Cuire 5 minutes en mélangeant régulièrement. Rectifier l'assaisonnement.

Pendant ce temps, mettre les feuilles de gélatine dans un bol d'eau froide et les laisser gonfler.

Dans un cul-de-poule, monter le reste de la crème avec le zeste de citron.

Essorer la gélatine, puis l'ajouter à la préparation de poisson.

Faire fondre la gélatine dans la préparation.

Laisser refroidir la brandade pour qu'elle soit tiède au toucher (environ 40 °C/104 °F).

Incorporer la crème montée dans la brandade en pliant et ajouter la ciboulette.

Mouler l'appareil dans une pellicule de plastique en formant un boudin.

Réfrigérer 3 heures.

Démouler la brandade et tailler pour le service.

PÉTONCLES ROCKEFELLER

PORTIONS 4
PRÉPARATION 1 h 30
CUISSON 20 minutes

INGRÉDIENTS

20 pétoncles Princesse de 7,6 cm (3 po)

125 ml (½ tasse) de crème de roquette (p. 204)

15 ml (1 c. à soupe) d'huile d'olive

5 ml (1 c. à thé) de zeste de citron

Sel et poivre

SAUCE HOLLANDAISE

170 g (6 oz) de jaunes d'œuf (environ 8)

125 ml (½ tasse) d'eau

300 g (⅔ lb) de beurre, coupé en dés

45 ml (3 c. à soupe) de vinaigre balsamique blanc

5 ml (1 c. à thé) de sel

PRÉPARATION

Ouvrir les pétoncles à l'aide d'un petit couteau. Retirer complètement le muscle avec une cuillère. Jeter la coquille du dessus et réserver la coquille creuse du dessous.

Débarrasser les noix de pétoncle du petit nerf et du manteau, puis les réserver au froid.

Laver les coquilles à l'eau chaude, puis les déposer sur une plaque à pâtisserie. Verser 5 ml (1 c. à thé) de crème de roquette dans chaque coquille, puis réserver au froid.

Préparer la sauce hollandaise. Verser tous les ingrédients dans un cul-de-poule, puis le déposer sur un bain-marie.

Baisser le feu pour maintenir une chaleur d'environ 75 °C (167 °F) et remuer avec un fouet environ 20 minutes. Au besoin, retirer le cul-de-poule de la source de chaleur pour s'assurer que le mélange ne cuit pas.

Lorsque le mélange est mousseux et qu'il commence à épaissir, le passer au chinois fin, puis le couler dans un siphon à chantilly.

Ajouter les cartouches et plonger le siphon dans le bain-marie encore tiède.*

Mariner les noix de pétoncle dans l'huile et le zeste de citron environ 15 minutes, et assaisonner.

Déposer une noix de pétoncle dans chaque coquille, puis mettre un peu de sauce hollandaise sur chacune.

Passer les coquilles quelques minutes sous le gril jusqu'à ce qu'elles soient dorées. Déguster aussitôt.

*Si on ne possède pas de siphon, réserver la sauce hollandaise à température ambiante. Au moment d'utiliser, la réchauffer quelques secondes au bain-marie.

CRÈME DE CREVETTES NORDIQUES

PORTIONS 4
PRÉPARATION 25 minutes
CUISSON 1 h 25

INGRÉDIENTS

BOUILLON DE CRUSTACÉS

750 ml (3 tasses) de carapaces de crustacés (crevette, homard ou crabe)

15 ml (1 c. à soupe) d'huile d'olive

1 petit oignon jaune, coupé en 4

½ branche de céleri, émincée

1 petite carotte, coupée en rondelles

1 gousse d'ail

15 ml (1 c. à soupe) de pâte de tomates

125 ml (½ tasse) de vin blanc

1 feuille de laurier

2,5 ml (½ c. à thé) de grains de poivre

1 litre (4 tasses) d'eau

CRÈME DE CREVETTES

227 g (½ lb) de crevettes nordiques décortiquées

30 ml (2 c. à soupe) d'huile d'olive

1 oignon jaune moyen, ciselé

2,5 ml (½ c. à thé) de paprika

1,25 ml (¼ c. à thé) de piment d'Espelette (ou autre piment)

60 ml (¼ tasse) de vin blanc

500 ml (2 tasses) de bouillon de crustacés

500 ml (2 tasses) de crème 35 %

Sel et poivre

PRÉPARATION

Préparer le bouillon. Dans une grande casserole, faire sauter les carapaces de crustacés dans l'huile d'olive environ 5 minutes pour bien les faire colorer.

Ajouter les légumes, l'ail et la pâte de tomates, puis mélanger pendant 2 minutes.

Déglacer avec le vin blanc et faire réduire de moitié.

Ajouter le laurier, le poivre, l'eau et porter à ébullition.

Laisser mijoter 45 minutes.

Filtrer et réserver.

Préparer la crème de crevettes. Dans une grande casserole, faire sauter les crevettes dans l'huile d'olive environ 3 minutes.

Ajouter l'oignon et les épices, baisser le feu et remuer pendant 5 minutes.

Déglacer avec le vin blanc et faire réduire de moitié.

Mouiller avec le bouillon de crustacés et la crème. Laisser mijoter 25 minutes.

Verser la préparation dans le bol du mélangeur et mixer jusqu'à l'obtention d'une préparation lisse et homogène.

Passer au tamis et rectifier l'assaisonnement.

Le potage a tendance à «cotonner», au dernier moment. Juste avant de le verser dans les bols, lui donner un petit coup de mélangeur à main. La texture redeviendra lisse. Au moment de servir, garnir la soupe d'un grand croûton à l'huile d'olive tartiné de fromage de chèvre frais.

CRÈME D'HUÎTRES AU GINGEMBRE

PORTIONS 4
PRÉPARATION 25 minutes
CUISSON 20 minutes

INGRÉDIENTS

1 douzaine d'huîtres iodées (type Trésor du Large)

227 g (½ lb) de poireau, haché

2 échalotes françaises, ciselées

15 ml (1 c. à soupe) de gingembre haché

1 gousse d'ail, écrasée

30 ml (2 c. à soupe) d'huile d'olive

500 ml (2 tasses) de crème 35 %

30 ml (2 c. à soupe) de beurre salé

Sel et poivre

PRÉPARATION

Ouvrir les huîtres. Mettre les huîtres et leur jus dans un bol. Réserver.

Dans une grande casserole, faire suer le poireau, les échalotes, le gingembre et l'ail avec l'huile d'olive pendant 10 minutes, à feu doux, sans coloration.

Mouiller avec la crème et porter à ébullition.

Ajouter les huîtres et le jus des huîtres à la crème de poireaux et porter à ébullition de nouveau en brassant pour éviter que les huîtres n'attachent au fond de la casserole.

Verser la préparation dans le bol du mélangeur et mixer à vitesse maximale. Passer au tamis.

Rectifier l'assaisonnement et servir.

Selon les huîtres utilisées, il sera peut-être nécessaire de saler la préparation, mais il est important de le faire à la toute fin seulement.

Des huîtres « gingembrées » comme je les aime ! Merci, Steph, d'apporter un brin d'exotisme aux huîtres qui, soit dit en passant, partagent quelques molécules aromatiques avec le gingembre. Celui-ci est le jumeau aromatique des plus que parfumés vins blancs secs gewurztraminers. Et ces derniers sont les cousins des tout aussi extravertis vins blancs de muscat et de malvoisie. Rien à faire, il y a toujours des histoires de famille quand vient le temps de manger avec le clan ! F. C.

CRABE JUSTE FROID, MAYONNAISE AU CAVIAR

PORTIONS 4
PRÉPARATION 5 minutes
CUISSON —

INGRÉDIENTS

MAYONNAISE AU CAVIAR

1 jaune d'œuf

15 ml (1 c. à soupe) de moutarde de Dijon

1 ml (¼ c. à thé) de sel

250 ml (1 tasse) d'huile végétale

50 g (2 oz) de caviar

15 ml (1 c. à soupe) de ciboulette ciselée

7,5 ml (½ c. à soupe) d'estragon haché

350 g (¾ lb) de chair de crabe

Sel et poivre, au goût

MONTAGE

Jeunes pousses de coriandre

Marinades de légumes (p. 194)

Cossetarde de corail d'oursin (p. 201)

PRÉPARATION

Préparer la mayonnaise. Dans un bol, mélanger le jaune d'œuf, la moutarde de Dijon et le sel.

À l'aide d'un fouet, incorporer l'huile doucement en filet en mélangeant continuellement pour émulsionner.

Ajouter le caviar et les herbes. Réserver au froid.

Dans un bol, mélanger 125 ml (½ tasse) de mayonnaise au caviar et la chair de crabe. Rectifier l'assaisonnement.

Dresser un peu de préparation au crabe au centre de chacune des assiettes à l'aide d'un emporte-pièce.

Décorer de légumes marinés, de jeunes pousses de coriandre et de cossetarde d'oursin.

On peut remplacer le caviar par des œufs de mulet, moins chers.

CHAUD-FROID DE HOMARD

PORTIONS 4 portions
TREMPAGE 1 nuit
PRÉPARATION 1 heure
CUISSON 45 minutes

GELÉE D'ABRICOTS SECS

INGRÉDIENTS

125 ml (½ tasse) d'abricots séchés
1 litre (4 tasses) d'eau bouillante
25 g (2 c. à soupe) de sucre
1 pincée de sel

PRÉPARATION

Dans un bol, mettre les abricots, puis verser l'eau bouillante. Laisser tremper une nuit.

Le lendemain, égoutter les abricots dans une passoire. Réserver le jus de trempage.

Mettre les abricots dans le bol du mélangeur et mixer à puissance maximale jusqu'à l'obtention d'une purée lisse. Au besoin, ajouter un peu de jus de trempage. Réserver.

PACANES AU SEL

INGRÉDIENTS

1 blanc d'œuf
100 g (3½ oz) de pacanes
1 pincée de fleur de sel

PRÉPARATION

Préchauffer le four 160 °C (325 °F).

Dans un bol, mousser le blanc d'œuf à l'aide d'un fouet, puis ajouter les pacanes.

Bien enrober les pacanes et ajouter la fleur de sel.

Égoutter le surplus de blanc d'œuf, puis mettre les pacanes sur une plaque à pâtisserie.

Cuire au four de 5 à 7 minutes. Réserver. ›››

JAMBON SÉCHÉ

INGRÉDIENTS

4 tranches de prosciutto

PRÉPARATION

Préchauffer le four à 120 °C (250 °F).

Déposer les tranches de jambon entre 2 feuilles de papier sulfurisé, puis les placer sur une plaque à pâtisserie.

Cuire au four 30 minutes. Réserver.

CHAUD-FROID

INGRÉDIENTS

2 queues de homard cuites (de homards d'environ 908 g/2 lb chacun)

CHAUD-FROID

4 g (2 feuilles) de gélatine

5 ml (1 c. à thé) de fécule de maïs

30 ml (2 c. à soupe) d'eau

1 conserve de 400 ml (13½ oz) de lait de coco

PRÉPARATION

Dans un bol d'eau froide, faire tremper la gélatine pour la réhydrater.

Dans un petit bol, diluer la fécule de maïs dans l'eau.

Dans une casserole, faire chauffer le lait de coco à feu moyen, puis l'épaissir avec la fécule de maïs.

Hors du feu, ajouter les feuilles de gélatine préalablement essorées.

Rectifier l'assaisonnement et réserver.

Tailler les queues de homards dans le sens de la longueur, puis placer les demi-queues sur une grille.

À l'aide d'une louche, verser uniformément une couche de chaud-froid au lait de coco.

Répéter l'opération 3 fois en remettant les queues de homard au réfrigérateur pendant 10 minutes entre chaque couche.

Au moment de servir, déposer les queues de homards délicatement dans les assiettes à l'aide d'une spatule. Garnir de jambon séché, d'un peu de gelée d'abricots et de pacanes au sel.

Ici, un plat signature Modat-Chartier au menu du restaurant Champlain, du Fairmont Le Château Frontenac, que Stéphane a créé en s'inspirant de la liste d'ingrédients que je lui ai donnée et qui partagent le même profil aromatique que mon vin blanc bio du Pays d'Oc, Le Blanc Chartier, à base de très vieilles vignes de grenache blanc, ainsi que de chardonnay, de roussanne et de viognier, figurant sur la carte des vins de cette grande table – mais la petite histoire ne dit pas que c'est aussi le vin préféré de Jasmine, l'épouse du chef Modat! F. C.

M I G
R A T
I O N
pierre bouchard 16

UN GARDE-MANGER CRÉATIF

Je me souviens encore de la journée où j'ai bâti la première carte d'un certain resto utopique : c'était du copier-coller ! Assis à la bibliothèque, devant des tonnes de livres de cuisine, je me servais des idées des autres pour créer les miennes. Pourtant, c'est comme ça qu'on devient unique.

Au contact d'autres chefs, on travaille longuement à se forger une identité. Au début, on adopte leurs philosophies. Puis le style s'affine. C'est au moment où tu décides de ne plus te donner de limites que tu commences vraiment à créer. En même temps, avoir des guides, des mentors, permet de te tempérer, de ne pas t'égarer dans l'assiette. Être chef, c'est à mon avis toujours travailler dans la dualité : j'ai beau avoir un menu, il n'y a jamais une assiette pareille…

LES

PLATS PRINCIPAUX

PLATS PRINCIPAUX

POÊLÉE DE CÈPES ET ŒUF CASSÉ

PORTION 1
PRÉPARATION 10 minutes
CUISSON 7 minutes

INGRÉDIENTS

250 ml (1 tasse) de cèpes bouchons frais ou congelés*

15 ml (1 c. à soupe) de vinaigre de vin blanc

1 œuf

15 ml (1 c. à soupe) de beurre

15 ml (1 c. à soupe) d'échalote française, ciselée

30 ml (2 c. à soupe) de vin blanc

125 ml (½ tasse) de fond brun de volaille maison (p. 187) ou du commerce

15 ml (1 c. à soupe) de ciboulette émincée

Feuilles de roquette

Pain de campagne grillé

Sel et poivre

PRÉPARATION

Nettoyer les cèpes et les couper en 2.

Dans une casserole d'eau frémissante, ajouter le vinaigre.

Pocher l'œuf 3 minutes. Réserver au chaud.

Dans une poêle, sauter les champignons avec le beurre. Ajouter l'échalote et le vin blanc, et faire réduire à sec.

Mouiller avec le fond et faire réduire de moitié.

Ajouter la ciboulette et rectifier l'assaisonnement.

Dans une assiette chaude, déposer l'œuf sur la poêlée de champignons. Décorer de feuilles de roquette et de pain de campagne grillé.

* Si les cèpes sont congelés, les plonger directement dans une casserole d'eau bouillante, couvrir et laisser cuire 5 minutes. Égoutter les cèpes, les déposer sur une assiette et les laisser refroidir au réfrigérateur.

OMELETTE AUX TROMPETTES-DE-LA-MORT

PORTION 1
PRÉPARATION 10 minutes
CUISSON 5 minutes

INGRÉDIENTS

125 ml (½ tasse) de champignons trompettes-de-la-mort (ou chanterelles en tube)

3 œufs moyens

45 ml (3 c. à soupe) de crème 35 %

½ échalote française, ciselée

30 ml (2 c. à soupe) de beurre

125 ml (½ tasse) de fromage Gré des Champs (ou autre fromage à pâte ferme vieilli), râpé

Sel et poivre

PRÉPARATION

Nettoyer les champignons.

Dans un bol mélanger les œufs et la crème. Assaisonner.

Dans une poêle, faire sauter les champignons et l'échalote avec 15 ml (1 c. à soupe) de beurre. Assaisonner et réserver dans une assiette au chaud.

Dans une poêle antiadhésive, chauffer le reste du beurre et verser le mélange d'œufs. Remuer à l'aide d'une spatule environ 3 minutes.

Lorsque les côtés sont cuits et le centre légèrement baveux, ajouter les champignons et le fromage. Poursuivre la cuisson 1 minute, ou plus selon la texture désirée.

Servir avec du pain rustique grillé (p. 149).

COQUE DE TOMME DES GALETS, SALADE DE ROQUETTE AUX BAIES DE SUREAU

PORTIONS 6
PRÉPARATION 1 heure
CUISSON 25 minutes

INGRÉDIENTS

1 kg (2 ¼ lb) de pâte à pain (p. 149)

250 g (8 oz) de Tomme des Galets, râpée

60 ml (¼ tasse) d'huile d'olive

SALADE DE ROQUETTE

1 échalote française, ciselée finement

1 botte de ciboulette, ciselée

45 ml (3 c. à soupe) de baies de sureau

15 ml (1 c. à soupe) de vinaigre de cidre

45 ml (3 c. à soupe) d'huile d'olive

1 litre (4 tasses) de pousses de roquette

Fleur de sel

Poivre du moulin

PRÉPARATION

Préparer la pâte en suivant les indications à la p. 149.

Laisser la pâte lever une fois, puis la déposer sur un plan de travail fariné.

Abaisser la pâte à environ 2 cm (¾ po) d'épaisseur.

Huiler une plaque à pâtisserie et déposer la pâte.

Couvrir la pâte d'un linge et la laisser lever encore, à l'abri des courants d'air, pendant 45 minutes.

Préchauffer le four à 190 °C (375 °F).

Une fois que la pâte aura gonflé, étendre le fromage râpé dessus.

Arroser d'un bon filet d'huile d'olive et cuire au four 25 minutes sur la grille du bas ou jusqu'à ce que la pâte soit cuite et le fromage doré.

Pendant ce temps, préparer la salade.

Dans un grand bol, mettre l'échalote, la ciboulette et les baies de sureau. Ajouter le vinaigre de cidre et l'huile d'olive, et mélanger à l'aide d'un fouet.

Ajouter les pousses de roquette et remuer pour les enrober de vinaigrette.

Sortir la coque de Tomme des Galets du four. Laisser tiédir la croûte, puis déposer la salade dessus. Ajouter de la fleur de sel et un peu de poivre du moulin.

GRILLED-CHEESE AU FROMAGE L'ORIGINE DE CHARLEVOIX

PORTIONS 4
PRÉPARATION 25 minutes
CUISSON 15 minutes

INGRÉDIENTS

CONFIT D'OIGNONS

3 oignons jaunes, émincés finement

15 ml (1 c. à soupe) d'huile de canola

12 g (1 c. à soupe) de beurre

1 clou de girofle, écrasé

30 ml (2 c. à soupe) de sirop de dattes (Silan)

SANDWICHS

8 tranches de 2,5 cm (1 po) de pain brioché

50 g (4 c. à soupe) de beurre

2 fromages L'Origine de Charlevoix (ou autre fromage de type reblochon)

Sel et poivre

PRÉPARATION

Préparer le confit d'oignons. Dans une casserole à fond épais, faire suer les oignons avec l'huile et le beurre, sans coloration.

Ajouter le clou de girofle écrasé et le sirop de dattes, et poursuivre la cuisson quelques minutes à couvert pour laisser réduire. Réserver.

Préparer les grilled-cheese. Beurrer les tranches de pain brioché sur un côté.

Couvrir de fromage le côté non beurré de 4 tranches de pain.

Étendre un peu de confit d'oignons sur le fromage. Si désiré, ajouter encore un peu de fromage sur les oignons, puis couvrir avec les 4 autres tranches de pain, côté beurré sur le dessus.

Cuire les grilled-cheese dans une poêle à feu moyen, en les pressant avec un poids pour les amincir et rendre la préparation homogène à l'intérieur.

Un classique des petites fringales nocturnes ou le petit-déjeuner des champions.

Approach for Fabulous
Fish Cookery

AILES DE CANARD POUR LE SUPER BOWL

RENDEMENT 36 ailes
MACÉRATION 8 heures
PRÉPARATION 20 minutes
CUISSON 2 h 30

INGRÉDIENTS

36 pilons de canard frais

5 litres (20 tasses) d'eau froide

30 ml (2 c. à soupe) de sel fin

125 ml (½ tasse) de moutarde baseball

MARINADE SÈCHE

30 ml (2 c. à soupe) de paprika doux

5 ml (1 c. à thé) de sel fin

15 ml (1 c. à soupe) de cassonade

5 ml (1 c. à thé) de cumin moulu

15 ml (1 c. à soupe) d'ail en poudre

5 ml (1 c. à thé) de moutarde en poudre

5 ml (1 c. à thé) de poivre noir moulu

5 ml (1 c. à thé) de cannelle moulue

5 ml (1 c. à thé) de piment d'Espelette

PRÉPARATION

Manchonner les pilons. À l'aide d'un couteau, couper l'extrémité de chaque pilon de canard et dégager la chair qui recouvre l'os.

Préparer la saumure, dans un grand bac ou un saladier, verser l'eau, le sel et la moutarde, et remuer pour rendre la préparation homogène.

Déposer les pilons dans la saumure. Couvrir et placer au réfrigérateur pendant au moins 8 heures.

Le lendemain, préparer la marinade sèche. Dans un bol, mélanger tous les ingrédients.

Éponger les pilons de canard avec du papier absorbant, puis les saupoudrer généreusement de marinade sèche pour bien les enrober.

Préchauffer le four à 140 °C (275 °F).

Déposer les pilons sur une plaque de cuisson préalablement huilée. Cuire pendant 2 h 30.

Retirer les pilons du four et les laisser tempérer.

Au moment de servir, passer les pilons de canard dans un bain de friture à 180 °C (350 °F) pour les rendre croustillants.

MAGRET DE CANARD ET POÊLÉE DE MORILLES

PORTIONS 4
PRÉPARATION 30 minutes
CUISSON 25 minutes

INGRÉDIENTS

2 magrets de canard 400 g (⅞ lb) chacun

SAUCE

300 g (10 ½ oz) de morilles fraîches ou 100 g (3 ½ oz) de morilles séchées réhydratées

15 ml (1 c. à soupe) de beurre

1 échalote française, ciselée

125 ml (½ tasse) de vin blanc

500 ml (2 tasses) de fond de gibier ou de fond brun de volaille

125 ml (½ tasse) de crème 35 %

Sel et poivre

PRÉPARATION

Préchauffer le four à 180 °C (350 °F).

Préparer les magrets. À l'aide d'un couteau, quadriller la peau des magrets en prenant soin de ne pas inciser la chair.

Dans une poêle allant au four, commencer la cuisson des magrets, côté peau, à feu doux. Retirer du gras de temps à autre pour rendre la peau croustillante.

Lorsque la peau est d'une belle couleur et bien croustillante, retourner les magrets.

Saisir les magrets, côté chair, 3 minutes, puis les retourner de nouveau dans la poêle, côté peau.

Poursuivre la cuisson au four 8 minutes.

Déposer les magrets dans une assiette chaude et les couvrir de papier d'aluminium. Laisser les magrets se détendre 15 minutes.

Préparer la sauce. Dans une poêle, faire sauter les morilles à feu doux avec le beurre, sans coloration.

Ajouter l'échalote et faire suer 2 minutes.

Déglacer avec le vin blanc et faire réduire à sec.

Ajouter le fond de gibier et faire réduire de moitié. Ajouter la crème et faire réduire de nouveau de moitié.

Rectifier l'assaisonnement.

Au moment de servir, réchauffer les magrets, côté peau, sur une plaque à pâtisserie, au four à 180 °C (350 °F), pendant 5 minutes.

POITRINES DE PERDRIX, RAGOÛT DE HARICOTS ET LÉGUMES RÔTIS

PORTIONS 4
TREMPAGE 12 heures
PRÉPARATION 30 minutes
CUISSON 1 h 40

INGRÉDIENTS

HARICOTS

225 g (½ lb) de haricots à œil noir
1 carotte, coupée en 3
1 branche de céleri, coupée en 3
1 oignon, coupé en 4
1 feuille de laurier
2 branches de thym

LÉGUMES RÔTIS

8 carottes pelées avec un peu de leurs tiges
8 oignons cipollinis, pelés
1 céleri-rave, pelé et coupé en cubes de 2,5 cm (1 po)
30 ml (2 c. à soupe) d'huile d'olive
2 branches de thym
4 gousses d'ail en chemise
Sel et poivre

PERDRIX

2 perdrix
30 ml (2 c. à soupe) d'huile d'olive
1 échalote française, ciselée
500 ml (2 tasses) fond brun de veau
30 ml (2 c. à soupe) d'huile végétale
45 ml (3 c. à soupe) de persil plat, haché
Sel et poivre

PRÉPARATION

Préparer les haricots. Mettre les haricots à tremper dans l'eau froide une nuit au réfrigérateur.

Le lendemain, égoutter les haricots, puis les mettre dans une grande casserole. Ajouter la carotte, le céleri, l'oignon, la feuille de laurier et le thym.

Couvrir d'eau froide et porter à ébullition. Cuire à feu doux 30 minutes en écumant régulièrement.

Retirer les aromates et réserver les haricots dans l'eau de cuisson.

Préparer les légumes rôtis. Préchauffer le four a 200 °C (400 °F).

Dans un bol, mélanger les légumes, puis ajouter l'huile d'olive, le thym et l'ail. Assaisonner avec le sel et le poivre.

Mettre les légumes sur une plaque à pâtisserie recouverte d'un papier sulfurisé. Cuire au four 40 minutes. Réserver.

Réduire la température du four à 180 °C (350 °F).

Préparer les perdrix. Prélever les poitrines, les désosser, puis les réserver dans une assiette au réfrigérateur.

Désosser les cuisses, puis couper la chair en cubes d'environ 1 cm (½ po).

Dans une grande casserole de fonte émaillée, faire colorer les cubes de viande dans l'huile d'olive à feu élevé.

Ajouter l'échalote et faire suer à feu doux pendant 3 minutes.

Déglacer avec le fond de veau et porter à ébullition.

Égoutter les haricots, puis les ajouter dans la casserole.

Cuire au four 20 minutes à découvert.

Pendant ce temps, dans une poêle faire dorer les poitrines de perdrix dans l'huile végétale, 2 minutes de chaque côté. Réserver au chaud.

Retirer la casserole du four, ajouter les légumes rôtis, rectifier l'assaisonnement et ajouter le persil. Disposer les poitrines de perdrix sur le dessus. Enfourner 5 minutes. Servir aussitôt.

POULETS DE CORNOUAILLES AU CIDRE DE GLACE

PORTIONS 4
MACÉRATION 12 heures
CUISSON 1 h 10

INGRÉDIENTS

MARINADE

250 ml (1 tasse) de cidre de glace

15 ml (1 c. à soupe) de gros sel

250 ml (1 tasse) de jus de pomme frais non filtré

125 ml (½ tasse) de sirop d'érable

4 clous de girofle

1 branche de céleri

3 litres (12 tasses) d'eau

2 poulets de Cornouailles d'environ 680 g (1½ lb) chacun

25 g (2 c. à soupe) de beurre

15 ml (1 c. à soupe) d'huile de pépins de citrouille grillés

125 ml (½ tasse) de crème 35 %

PRÉPARATION

Préparer la marinade. Dans une grande casserole, verser 125 ml (½ tasse) de cidre de glace, le sel, le jus de pomme, le sirop d'érable, les clous de girofle, la branche de céleri et l'eau.

Porter le liquide à ébullition, puis le retirer du feu et le laisser tempérer. Réserver le liquide au réfrigérateur.

Une fois le liquide bien froid, y déposer les poulets. Couvrir d'une pellicule plastique, puis remettre le tout au réfrigérateur pour un minimum de 12 heures.

Une fois la macération terminée, retirer les poulets du bouillon et les assécher complètement avec du papier absorbant.

Préchauffer le four à 230 °C (450 °F).

Mettre le beurre dans le bol du robot culinaire et mélanger jusqu'à l'obtention d'une texture lisse et souple (pommade). Verser le reste de cidre de glace et l'huile de pépins de citrouille doucement pour émulsionner comme pour une mayonnaise et rendre le beurre blanc.

Badigeonner les 2 poulets avec tout le mélange de beurre.

Cuire les poulets au milieu du four 20 minutes, puis baisser le four à 160 °C (325 °F). Poursuivre la cuisson 50 minutes en arrosant les poulets fréquemment pour rendre la peau croustillante et laquée.

Une fois les poulets cuits, les retirer du plat et réserver. Déglacer le fond de cuisson avec la crème pour réaliser la sauce d'accompagnement.

Tant le cidre de glace que le jus de pomme frais, le sirop d'érable, le clou de girofle, l'huile de pépins de citrouille grillés, la crème 35 % et bien sûr les parfums de la chair du poulet de Cornouailles sont en lien avec le profil aromatique des grands vins blancs de chardonnay, qu'ils soient de Meursault ou de Pouilly-Fuissé, tout comme de Santa Barbara, en Californie, ou de Hunter Valley en Australie. F. C.

RAGOÛT DE POULET AUX CHANTERELLES

PORTIONS 4
PRÉPARATION 1 heure
CUISSON 2 h 30

INGRÉDIENTS

- 1 poulet de grain de 2 kg (4 ½ lb), coupé en 8
- 250 ml (1 tasse) de vin blanc
- 2 branches de thym
- 1 feuille de laurier
- 500 ml (2 tasses) de pommes de terre rattes ou Gabrielle
- 30 ml (2 c. à soupe) d'huile d'olive
- 50 g (4 c. à soupe) de beurre
- 2 carottes, coupées en dés
- 2 branches de céleri, coupées en dés
- 500 ml (2 tasses) d'oignons perle, pelés
- 35 g (4 c. à soupe) de farine
- 1 litre (4 tasses) de fond brun de volaille maison (p. 187) ou du commerce
- 500 ml (2 tasses) de boutons de chanterelle
- 250 ml (1 tasse) crème 35 %

PRÉPARATION

Désosser les morceaux de poulet et retirer la peau. Réserver les os pour la confection de fond brun de volaille (p. 187).

Dans un cul-de-poule, mettre les morceaux de volaille, le vin blanc, le thym et le laurier. Couvrir d'une pellicule plastique et laisser mariner 4 heures au réfrigérateur.

Nettoyer les pommes de terre sous l'eau à l'aide d'une brosse et réserver.

Retirer la viande de la marinade et bien l'assécher avec du papier absorbant. Réserver la marinade.

Préchauffer le four à 180 °C (350 °F).

Dans une cocotte à fond épais, faire colorer les morceaux de poulet dans l'huile d'olive à feu élevé.

Retirer le poulet de la casserole et réduire le feu. Ajouter 25 g (2 c. à soupe) de beurre et faire suer les carottes, le céleri, les oignons perle et les pommes de terre 5 minutes à feu doux.

Ajouter la farine et remuer pendant 2 minutes.

Déglacer avec le restant de marinade et le fond de volaille.

Remettre le poulet dans la casserole et porter à ébullition. Couvrir et cuire au four 2 heures.

Retirer les morceaux de viande de la casserole et réserver au chaud.

Dans une poêle, faire sauter les chanterelles 2 minutes dans 25 g (2 c. à soupe) de beurre, puis déglacer avec la crème. Faire réduire quelques secondes.

Ajouter les chanterelles crémées à la casserole et rectifier l'assaisonnement.

Effilocher le poulet grossièrement à l'aide d'une fourchette, puis l'ajouter à la sauce.

Réchauffer et servir.

PLATS PRINCIPAUX

DINDON SAUVAGE DE NOËL, FARCE EN SANDWICH

PORTION 8
PRÉPARATION 3 jours
CUISSON 3 h 45

INGRÉDIENTS

1 dindon sauvage (ou d'élevage catégorie A) de 6 kg (13 lb)

50 g (4 c. à soupe) de beurre de livèche au citron vert (p. 184).

SAUMURE

5 litres (20 tasses) d'eau

454 g (1 lb) de sel de mer

4 g (1 c. à thé) de cassonade

15 ml (1 c. à soupe) de baies de genièvre, concassées

2 feuilles de laurier

2 branches de thym frais

1 branche de romarin frais

15 ml (1 c. à soupe) de poivre concassé

FARCE

250 ml (1 tasse) de pancetta, coupée finement

15 ml (1 c. à soupe) d'huile de canola

15 ml (1 c. à soupe) de beurre

225 g (½ lb) de champignons sauvages (type chanterelles)

3 échalotes françaises, ciselées

5 gousses d'ail, hachées

125 ml (½ tasse) de vin blanc sec

125 ml (½ tasse) de crème 35 %

125 ml (½ tasse) de graisse de rôti

125 g (¼ lb) de pâté de campagne de porc ou autre (ou foie gras), coupé en cubes

Les abats du dindon (foie, cœur)

1 œuf

30 ml (2 c. à soupe) de persil haché

5 ml (1 c. à thé) de sauge hachée

1 pain croûté d'environ 20 cm (8 po) de long

1 gousse d'ail

15 ml (1 c. à soupe) d'huile d'olive

Sel et poivre

POUR LA CUISSON

1 carotte, coupée grossièrement

1 oignon moyen, taillé grossièrement

1 tête d'ail

50 g (4 c. à soupe) de beurre

125 ml (½ tasse) d'eau

Sel et poivre

PRÉPARATION

Le premier jour, préparer la saumure. Dans une grande casserole, porter l'eau et le sel à ébullition jusqu'à ce que le sel soit complètement dissous. Retirer du feu et laisser tiédir 10 minutes.

Ajouter tous les autres ingrédients et laisser infuser jusqu'à complet refroidissement du liquide.

Filtrer la saumure dans un grand contenant et la réfrigérer.

Le deuxième jour, au matin. Retirer le bout des ailes, le cou et les abats du dindon. Réserver. Placer le dindon dans la saumure et le mettre au réfrigérateur 6 heures.

Au bout de ce temps, retirer le dindon de la saumure, le placer sur une grille pour qu'il s'égoutte, puis l'assécher complètement à l'aide d'un papier absorbant.

Remettre le dindon sur la grille et le placer au réfrigérateur pour le reste de la journée.

Le deuxième jour, en soirée. Décoller la peau des poitrines avec les doigts en prenant soin de ne pas la déchirer. Glisser le beurre de livèche entre la peau et la chair. Bien masser pour faire pénétrer le beurre sur toutes les surfaces, puis remettre le dindon au réfrigérateur.

Le troisième jour, préparer la farce. Dans une poêle, faire revenir la pancetta dans l'huile et le beurre pour la détendre, puis la réserver en conservant le gras.

Dans la même poêle, faire revenir les champignons jusqu'à complète évaporation de l'eau de végétation.

Ajouter les échalotes et l'ail, et poursuivre la cuisson quelques minutes sans coloration.

Ajouter la pancetta, puis déglacer avec le vin blanc. Faire réduire à sec.

Ajouter la crème et la graisse de rôti, et faire réduire de moitié.

Rectifier l'assaisonnement.

Débarrasser la préparation sur une plaque à pâtisserie et la placer au réfrigérateur jusqu'à ce que le mélange se solidifie.

Une fois le mélange refroidi, le déposer dans un saladier. Hacher le foie et le cœur du dindon finement, puis les ajouter au mélange. Ajouter l'œuf, le pâté de campagne et les herbes, et mélanger jusqu'à ce que la préparation soit homogène.

Tailler le pain en 2 dans le sens de la longueur pour l'ouvrir en gardant un côté attaché.

Huiler le pain et retirer l'excédent de mie sur la partie supérieure.

Déposer la farce à l'intérieur du pain, puis le ficeler. Trois cordes devraient suffire. Frotter la croûte du pain avec une gousse d'ail crue.

Placer le sandwich de farce dans la cavité du dindon, puis ficeler le dindon, les pattes et le croupion ensemble, pour bien le refermer.

Préchauffer le four à 200 °C (400 °F) et placer la grille dans le bas du four.

Placer les légumes, les autres abattis et le bout des ailes du dindon dans le fond d'une rôtissoire.

Déposer le dindon dans la rôtissoire, le badigeonner de beurre, puis cuire au four 40 minutes ou jusqu'à ce que la peau soit dorée.

Baisser la température du four à 150 °C (300 °F), ajouter l'eau et cuire 3 heures ou jusqu'à ce que le thermomètre à cuisson, piqué dans la farce, atteigne 68 °C (154 °F).

Arroser la dinde souvent durant la dernière heure de cuisson pour garder l'humidité de la chair et le croustillant de la peau.

À la sortie du four, recouvrir le dindon d'une feuille de papier d'aluminium.

Récupérer le fond de la rôtissoire pour faire le jus d'accompagnement.

Au moment de servir, désosser le dindon et mettre la viande dans un plat, peau vers le haut, puis verser le jus de cuisson.

Préchauffer le four à 190 °C (375 °F).

Retirer les ficelles du sandwich, puis verser une cuillère d'huile sur le dessus.

Placer le pain au four jusqu'à ce qu'il devienne légèrement croustillant. Servir avec le dindon.

LE JACKALOPE EN CIVET

PORTIONS 4
MACÉRATION 1 nuit
PRÉPARATION 1 heure
CUISSON 3 heures

INGRÉDIENTS

1 lapin ou un lièvre
avec le foie (facultatif)

MARINADE

1 bouteille de 750 ml (3 tasses) de vin rouge corsé

60 ml (¼ tasse) de sirop d'érable

2 carottes, émincées

2 branches de céleri, émincées

1 oignon moyen, ciselé

2 gousses d'ail, écrasées

3 branches de thym

1 feuille de laurier

2 clous de girofle

35 g (4 c. à soupe) de farine

60 ml (4 c. à soupe) d'huile d'olive

125 ml (½ tasse) de crème 35 %

Sel et poivre

PRÉPARATION

Couper le lapin ou le lièvre en 8 morceaux. Réserver le foie.

Dans un grand bol, mettre les morceaux de viande avec le vin rouge, le sirop, les carottes, le céleri, l'oignon, l'ail, le thym, le laurier et les clous de girofle. Recouvrir de pellicule de plastique et laisser mariner une nuit au réfrigérateur.

Le lendemain, égoutter les morceaux de viande et les éponger à l'aide d'un linge propre. Réserver la marinade et les légumes.

Assaisonner les morceaux de viande des 2 côtés avec le sel et le poivre, puis les fariner.

Préchauffer le four à 150 °C (300 °F).

Dans une casserole en fonte, chauffer l'huile d'olive et faire colorer les morceaux de viande de tous les côtés. Déposer la viande dans une assiette et réserver.

Faire colorer les légumes dans la casserole, puis déglacer avec la marinade. Remettre les morceaux de viande dans la casserole et couvrir.

Cuire au four 3 heures, puis vérifier la cuisson. La viande doit se détacher des os avec une légère pression des doigts. Au besoin, poursuivre la cuisson 30 minutes.

Retirer la viande du jus de cuisson et la réserver dans une assiette au chaud recouverte de papier d'aluminium.

Filtrer le bouillon de cuisson, puis le replacer dans la casserole.

Dans le bol du mélangeur, mettre le foie (facultatif) et la crème. Mixer, puis passer au tamis.

Ajouter le mélange à la sauce chaude, puis les morceaux de viande. Mélanger et servir aussitôt.

ÉPAULE D'AGNEAU CONFITE AUX HERBES

PORTIONS 4
PRÉPARATION 20 minutes
CUISSON 7 heures

INGRÉDIENTS

1 épaule d'agneau (ou gigot) d'environ 1,3 kg (3 lb)

30 ml (2 c. à soupe) d'huile d'olive

250 ml (1 tasse) d'eau

5 brins de romarin

5 brins de thym

5 feuilles de sauge

1 feuille de laurier

1 tête d'ail, coupée en 2

2 carottes, coupées en rondelles

1 gros oignon jaune, coupé grossièrement

1 blanc de poireau, coupé en gros tronçons

Sel et poivre

PRÉPARATION

Préchauffer le four à 150 °C (300 °F).

Saler et poivrer l'agneau.

Dans une casserole de fonte émaillée, saisir la pièce de viande de tous les côtés avec l'huile d'olive.

Déglacer la casserole avec l'eau, puis ajouter le reste des ingrédients. Couvrir et cuire au four 7 heures.

Vérifier la cuisson toutes les 2 heures en s'assurant qu'il y a toujours un peu d'eau dans la casserole. Arroser la viande avec le jus de cuisson chaque fois.

Retirer l'épaule de la cocotte et réserver au chaud.

Filtrer le bouillon de cuisson et le décanter pour retirer le maximum de gras.

Servir le jus de cuisson et la viande ensemble.

Que de souvenirs que cet agneau dégusté avec Jasmine, Stéphane et les enfants, alors qu'ils étaient tous très jeunes, mais ô combien gourmands de cette recette si parfumée ! La piste de l'agneau est celle du thym, et ces deux derniers entrent en osmose avec les vins rouges de syrah, plus particulièrement ceux de Crozes-Hermitage et de Saint-Joseph, sans oublier certaines pointures de Pic Saint-Loup dans le Languedoc. F. C.

FESSE DE CERF RÔTIE ENTIÈRE

PORTIONS 10 à 12
PRÉPARATION 20 minutes
CUISSON 3 heures

INGRÉDIENTS

BEURRE PARFUMÉ

- 30 ml (2 c. à soupe) de baies de genièvre
- 15 ml (1 c. à soupe) de poivre noir
- 15 ml (1 c. à soupe) de fleur de sel
- 15 ml (1 c. à soupe) de thym frais haché
- 50 g (¼ tasse) de beurre pommade

- 1 fesse de cerf sur os d'environ 8 kg (18 lb)
- Les gousses d'une tête d'ail, épluchées, coupées en 2 (ou 3 feuilles d'ail des bois)

GARNITURE

- 1 gros oignon, haché finement
- 12 g (1 c. à soupe) de beurre
- 2 gousses d'ail, hachées
- 1 branche de céleri (ou de livèche)
- 60 ml (¼ tasse) de sirop de merisier (ou de cassonade)
- 60 ml (¼ tasse) de vinaigre balsamique blanc
- 500 ml (2 tasses) de canneberges fraîches
- 125 ml (½ tasse) de bleuets séchés
- 125 ml (½ tasse) de jus de viande (ou de fond de veau)

PRÉPARATION

Préchauffer le four à 150 °C (300 °F).

Préparer le beurre parfumé. Dans un bol, mélanger les épices et le beurre pommade.

Masser toute la fesse de cerf avec le beurre parfumé.

À l'aide d'un couteau, faire de petites incisions sur toute la surface de la fesse de cerf et placer une demi-gousse d'ail dans chaque incision, comme pour un gigot d'agneau.

Déposer la fesse de cerf dans une rôtissoire et enfourner.

Cuire jusqu'à ce que la température interne de la viande prise dans la partie la plus charnue atteigne 60 °C (140 °F). À la sortie du four, laisser la viande reposer 30 minutes.

Préparer la garniture. Dans une casserole, faire dorer l'oignon dans le beurre. Ajouter l'ail et le céleri, et poursuivre la cuisson jusqu'à ce que les légumes soient tendres et dorés.

Ajouter le sirop de merisier et poursuivre la cuisson 2 minutes.

Déglacer avec le vinaigre balsamique, ajouter les canneberges et les bleuets. Faire réduire de moitié.

Ajouter le jus de viande et faire réduire de nouveau de moitié.

Au moment de servir, déposer la pièce de viande sur un grand plat de service, puis verser la garniture fruitée sur la pièce. Couper la viande comme pour un méchoui.

PIÈCE DE BŒUF FUMÉ

PORTIONS —
PRÉPARATION 15 minutes
CUISSON —

INGRÉDIENTS

1 pièce de bœuf,
taille et coupe au goût

Copeaux de bois

PRÉPARATION

Démarrer le fumoir. Mettre des copeaux de bois dans une vieille poêle posée sur le feu.

Déposer la pièce de bœuf sur une grille.

Verser les copeaux de bois fumant dans un cul-de-poule et déposer la grille avec la pièce de bœuf sur le dessus. Faire fumer 5 minutes à couvert.

Une fois le fumage de la viande terminé, enrouler la pièce dans une pellicule plastique et la placer réfrigérateur environ 1 heure pour diffuser la saveur de fumée.

Couper les portions de viande, puis les griller, les poêler ou les rôtir selon le mode de cuisson désiré.

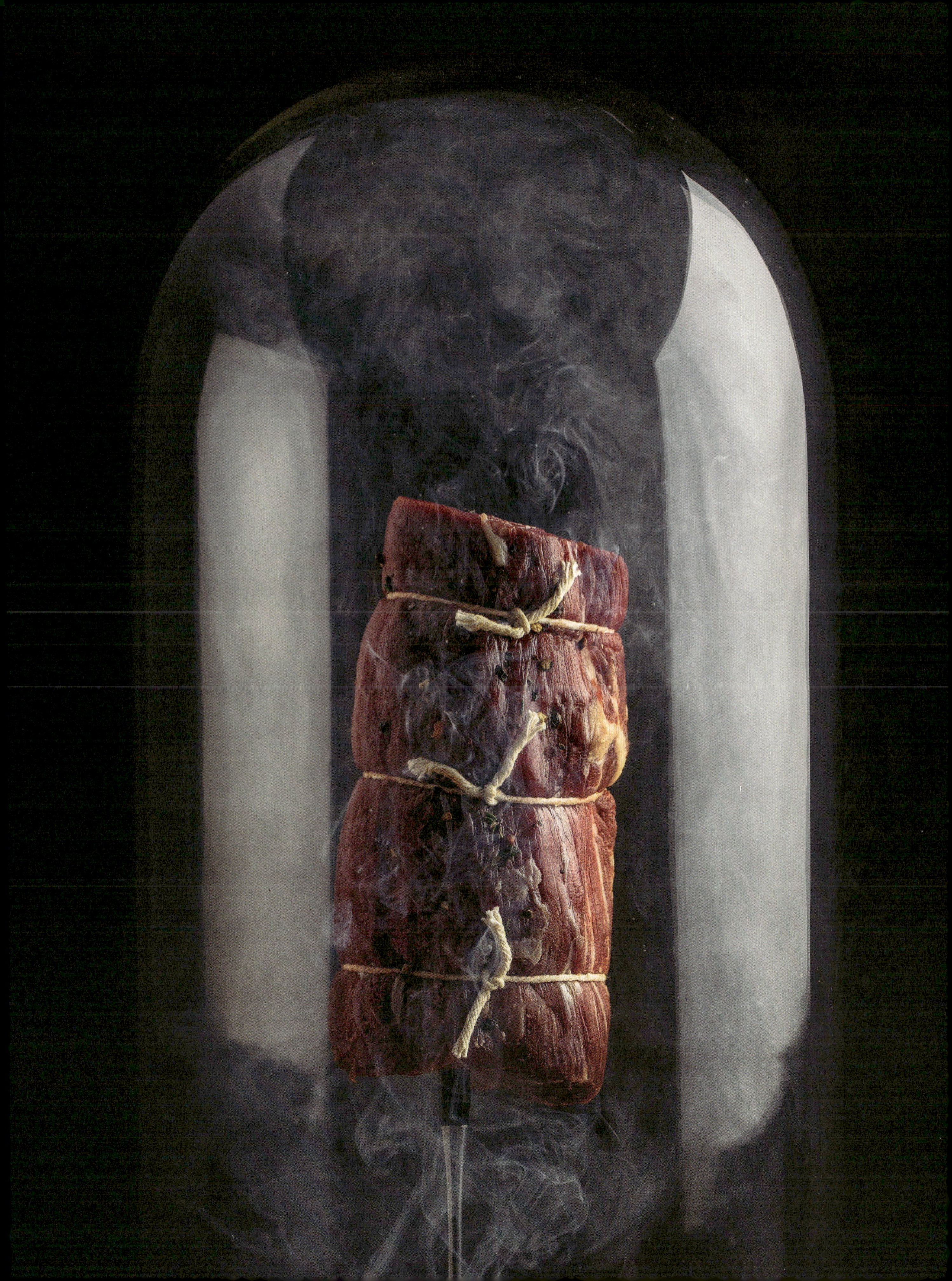

PLATS PRINCIPAUX

CÔTES LEVÉES DE BŒUF BRAISÉES

PORTIONS 4
PRÉPARATION 1 heure
CUISSON 5 heures

INGRÉDIENTS

1 plat de côtes levées de bœuf *(short ribs)* de 1,2 kg (2 ⅔ lb)

60 ml (4 c. à soupe) d'huile d'olive

1 oignon, émincé

2 carottes, émincées

2 branches de céleri, émincées

2 gousses d'ail

3 ou 4 branches de thym

750 ml (3 tasses) de bière Impérial Sotolon, Série Gastronomique Glutenberg (ou autre bière noire de type imperial)

3 litres (12 tasses) de fond brun de veau

Sel et poivre

PRÉPARATION

Préchauffer le four à 180 °C (350 °F).

Séparer les côtes de bœuf entre chaque os pour avoir une côte d'environ 300 g (10 ½ oz) par portion.

Ficeler chaque côte pour former un cylindre et l'assaisonner avec le sel et le poivre.

Dans une grande casserole à fond épais, saisir les côtes dans l'huile d'olive pour les faire colorer de chaque côté.

Retirer la viande de la casserole et faire revenir l'oignon, les carottes, le céleri, l'ail et le thym pour les faire colorer.

Déposer la viande sur le lit de légumes.

Déglacer avec la bière et mouiller avec le fond de veau pour couvrir la viande. Cuire au four, à couvert, pendant 4 heures.

Retirer la viande du bouillon et la réserver dans une assiette au réfrigérateur. Faire très attention, car les côtes sont fragiles.

Faire réduire la sauce pour la rendre sirupeuse et rectifier l'assaisonnement.

Retirer les ficelles des pièces de viande.

Au moment de servir, réchauffer les côtes dans la sauce, au four, en les arrosant régulièrement pour les glacer.

Que ce soit avec la même bière que vous aurez sélectionnée pour braiser ces short ribs, *une bière de type belge d'abbaye ou encore une scotch ale, l'harmonie sera pénétrante. Mais un ballon de rouge de grenache est aussi pertinent avec ce plat, plus particulièrement un généreux garnacha espagnol de Montsant ou du Priorat. F. C.*

JOUES DE BŒUF AU VIN ROUGE

PORTIONS 4
MACÉRATION 1 nuit
PRÉPARATION 1 heure
CUISSON 3 h 30

INGRÉDIENTS

1 bouteille de 750 ml (3 tasses) de vin rouge

1 gros oignon jaune, émincé

2 carottes, coupées en rondelles

1 branche de thym

1 feuille de laurier

3 gousses d'ail

4 joues de bœuf

30 ml (2 c. à soupe) d'huile d'olive

12 g (1 c. à soupe) de beurre

90 g (3 oz) de lard salé, coupé en dés

7 g (2 c. à thé) de cassonade

125 ml (½ tasse) de porto

750 ml (3 tasses) de bouillon de bœuf

Farine, en quantité suffisante

Sel et poivre

PRÉPARATION

Dans un plat, verser le vin rouge, ajouter les légumes, le thym, le laurier, l'ail et les joues de bœuf. Couvrir d'une pellicule de plastique et réserver au réfrigérateur une nuit.

Le lendemain, préchauffer le four à 150 °C (300 °F).

Égoutter les joues et la garniture. Réserver la marinade.

Éponger les joues et les assaisonner avec du sel et du poivre.

Fariner les joues, puis les faire colorer dans une casserole à fond épais avec l'huile et le beurre.

Déposer la viande dans une assiette et réserver.

Dans la même casserole, faire revenir le lard et les légumes. Ajouter la cassonade et la dissoudre avec les autres ingrédients quelques minutes.

Ajouter les joues, déglacer avec le porto, puis ajouter la marinade.

Mouiller avec le bouillon de bœuf pour recouvrir les joues.

Couvrir la casserole et cuire au four 3 heures.

Bœuf + vin rouge = bien sûr, il faut voir la vie en rouge ici. Arrosez le tout des vins rouges du Roussillon que sont les collioures et les côtes-du-roussillon, les préférés du chef Modat. C'est qu'il est chauvin, car il est né près de Perpignan dans le Roussillon ! Et comme ce genre de plat est du sur-mesure pour une grosse tablée, en famille comme entre amis, c'est le temps de sortir vos gros magnums, ils font toujours un effet bœuf! F. C.

BAVETTE DE PORC GLACÉE AU MIEL ET CHIMICHURRI AU MAÏS

PORTIONS 4
PRÉPARATION 30 minutes
CUISSON 6 à 10 minutes

INGRÉDIENTS

MARINADE

125 ml (½ tasse) d'huile d'olive

2 branches de thym

1 lime, tranchée finement

125 ml (½ tasse) de miel

5 ml (1 c. à thé) de piment d'Espelette

Poivre du moulin

4 bavettes de porc d'environ 180 g (6 oz) chacune

125 ml (½ tasse) de miel naturel

CHIMICHURRI

500 ml (2 tasses) de persil plat effeuillé

250 ml (1 tasse) de coriandre effeuillée

1 gousse d'ail

2,5 ml (½ c. à thé) de cumin moulu

2,5 ml (½ c. à thé) de piment d'Espelette

30 ml (2 c. à soupe) de vinaigre balsamique blanc

Le jus et le zeste de 1 lime

250 ml (1 tasse) de croustilles de maïs (de type Tostitos)

Sel et poivre

PRÉPARATION

Préparer la bavette. Dans un plat en pyrex, mélanger l'huile, le thym, la lime, le piment d'Espelette et le poivre.

Ajouter les bavettes, couvrir d'une pellicule de plastique et laisser mariner au réfrigérateur au minimum 4 heures.

Préparer le chimichurri. Dans le bol du mélangeur, mettre les herbes, l'ail, les épices, le vinaigre, le zeste et le jus de lime, puis mixer jusqu'à l'obtention d'une préparation homogène.

Ajouter les croustilles et mixer de nouveau pour lier la préparation. Rectifier l'assaisonnement et réserver.

Préchauffer le barbecue.

Retirer les bavettes de la marinade et les égoutter. Assaisonner les bavettes avec le sel et le poivre.

Griller les bavettes sur le barbecue de 3 à 5 minutes de chaque côté en les badigeonnant de miel.

Servir les bavettes accompagnées de sauce chimichurri au maïs.

Chauffer le miel quelques secondes au micro-ondes pour le liquéfier. Il sera plus facile à badigeonner.

Chimichu… quoi ? Au maïs en plus ! Tu pousses ta chance, là, l'ami… Mais, comme tu sais, j'aime ça jouer hors des sentiers battus. Même si le nom de ta recette semble vouloir compliquer les choses, elles sont pourtant très simples ici : la coriandre fraîche, le persil et le maïs du chimichurri nous dirigent vers un blanc sec de sauvignon blanc. Mais juste pour rester dans l'originalité, pourquoi pas un albarino de Rias Baixas, non boisé, ou un garganega de Soave, mais de chez les meilleurs ? F. C.

LA SAUCISSE WELLINGTON DE FÉLIPÉ ST-LAURENT

PORTIONS 8 saucisses d'environ 15 cm (6 po)
PRÉPARATION 45 minutes
CUISSON 15 minutes

INGRÉDIENTS

250 ml (1 tasse) de champignons de Paris hachés

15 ml (1 c. à soupe) d'huile végétale

12 g (1 c. à soupe) de beurre

1 kg (2¼ lb) de bœuf maigre haché

1 kg (2¼ lb) d'échine de porc haché

225 g (½ lb) de filet de bœuf, coupé en dés

28 g (1½ c. à soupe) de sel fin

3 g (1½ c. à thé) de baies de genièvre, chauffées à la poêle et écrasées

60 ml (¼ tasse) de vin de Madère

Sel et poivre

Boyaux naturels de porc

Pour donner du *kick* et respecter l'histoire, ajouter 15 ml (1 c. à soupe) de gingembre frais râpé.

PRÉPARATION

Dans une poêle chaude, faire colorer les champignons dans l'huile et le beurre. Laisser refroidir.

Dans un cul-de-poule, mettre les viandes, le sel, les baies de genièvre, le vin de Madère et les champignons refroidis. Mélanger pour obtenir une préparation homogène.

Vérifier l'assaisonnement. Prélever une petite quantité de la préparation et la faire cuire dans une poêle quelques minutes. Goûter et rectifier l'assaisonnement au besoin.

Façonner les saucisses.

Méthode 1. Saucisses façon traditionnelle.
Façonner les saucisses à l'aide du poussoir à saucisse en prenant soin de piquer les poches d'air à l'aide d'une petite brochette de bois ou d'une pique à saucisse.

Méthode 2. Pour ceux qui ne possèdent pas de poussoir à saucisse.
Se procurer des boyaux naturels de porc de très petit diamètre chez le boucher.

Enfiler les boyaux sur le tube d'un entonnoir propre.

Mettre la farce à saucisse dans l'ouverture de l'entonnoir et pousser la viande dans le boyau à l'aide du manche d'une cuillère en bois. Tenir fermement le boyau durant l'opération.

Piquer les poches d'air à l'aide d'une petite brochette de bois ou d'une pique à saucisse.

Méthode 3. Saucisses façon keftas.
Faire tremper de petites brochettes de bois dans l'eau environ 30 minutes.

Façonner de petites boulettes avec les mains, puis les enfiler sur les brochettes.

Méthode 4. Saucisses pour les nuls.
Façonner des galettes de farce avec les mains et les servir en burgers ou miniburgers.

FILET DE PORC EN CROÛTE D'HERBES

PORTION 4
PRÉPARATION 1 h 30
CUISSON 15 minutes

INGRÉDIENTS

CROÛTE

½ botte de persil, effeuillée

1 botte de cerfeuil, effeuillée

4 feuilles de sauge fraîche

50 g (4 c. à soupe) de beurre mou

20 g (3 c. à soupe) de chapelure

7,5 ml (½ c. à soupe) de fleur de sel

570 g (1¼ lb) de filet de porc (de préférence Nagano)

30 ml (2 c. à soupe) d'huile végétale

12 g (1 c. à soupe) de beurre

PRÉPARATION

Préparer la croûte. Dans le bol du robot culinaire, mettre les herbes, le beurre et la chapelure. Mélanger jusqu'à l'obtention d'une pâte verte homogène.

Ajouter la fleur de sel et mélanger.

Étendre la préparation uniformément entre 2 feuilles de papier sulfurisé. Réfrigérer une heure.

Parer les filets de porc en en retirant la membrane blanche et le surplus de gras.

Couper les filets en 4 portions.

Préchauffer le four à 180 °C (350 °F).

Saler et poivrer chaque portion de viande.

Dans une poêle à fond épais, faire colorer les morceaux de porc dans l'huile et le beurre en les arrosant fréquemment avec le gras de cuisson.

Enfourner les filets 10 minutes.

Pendant ce temps, tailler des bandes de croûte d'herbes de la taille de chacun des filets.

Placer une croûte sur le dessus de chacune des pièces de viande et poursuivre la cuisson au four 5 minutes.

Laisser reposer la viande 5 minutes au chaud avant de servir.

La croûte d'herbes choisie pour parfumer ce porc Nagano résonne sur la même tonalité que les vins de riesling, tant qu'ils proviennent d'un pays au nom débutant par un « a », donc qu'ils soient alsaciens, allemands, autrichiens ou australiens. Ça tombe bien, car Stéphane et moi sommes des fans *finis de ce grand et noble cépage ! Et vous ? F. C.*

PORCHETTA DE COCHON DE LAIT

PORTIONS 12
PRÉPARATION 45 minutes
CUISSON 2 h 30

INGRÉDIENTS

FARCE

90 g (3 oz) de lardo ou de lard salé*, taillé fin

2 oignons jaunes moyens, ciselés finement

90 ml (6 c. à soupe) d'huile d'olive

3 gousses d'ail, hachées

2 tranches de pain, sans croûte

60 ml (¼ tasse) de lait

300 g (⅔ lb) de chair de porc haché mi-maigre

1 œuf

½ bouquet de persil, haché

½ bouquet de thym, haché

1 longe de porcelet désossée avec la couenne (environ 2 kg/4 ½ lb)

45 ml (3 c. à soupe) de brandy

60 ml (¼ tasse) de vin blanc sec

3 feuilles de laurier

Sel et poivre

PRÉPARATION

Préchauffer le four à 190 °C (375 °F).

Dans une poêle, à feu moyen, faire revenir le lardo avec les oignons dans 45 ml (3 c. à soupe) d'huile d'olive jusqu'à ce qu'ils soient tendres et légèrement dorés. Ajouter l'ail et poursuivre la cuisson quelques minutes. Laisser tempérer et réserver.

Dans un bol, imbiber les tranches de pain de lait.

Dans un cul-de-poule, mettre la viande hachée et l'œuf. Ajouter les herbes hachées, le pain imbibé et la garniture refroidie.

Dérouler la longe de porcelet et l'ouvrir en portefeuille en pratiquant une incision sur toute la longueur avec la pointe d'un couteau.

Assaisonner généreusement l'intérieur avec le sel, le poivre et le brandy.

Répartir la préparation uniformément sur la viande en laissant une bordure d'environ 2,5 cm (1 po). Rouler la viande et la ficeler.

Déposer la viande roulée dans une papillote de papier d'aluminium. Verser le vin blanc, le reste d'huile d'olive et les feuilles de laurier. Fermer hermétiquement.

Déposer la papillote dans un grand plat allant au four, baisser la température à 160 °C (325 °F) et cuire 1 heure.

Retirer la pièce de viande de son emballage et poursuivre la cuisson à 150 °C (300 °F), 1 heure. Arroser la viande fréquemment avec le jus de cuisson pour la faire colorer.

Réserver au froid, puis mettre sous vide pour prolonger la conservation.

* Si on utilise du lard salé, le dessaler au préalable 1 heure dans l'eau froide.

SAUMON GRILLÉ GLACÉ AU SIROP DE MERISIER

PORTIONS 4
PRÉPARATION 10 minutes
CUISSON 15 minutes

INGRÉDIENTS

125 ml (½ tasse) de cidre de pomme

50 g (¼ tasse) de sucre

30 ml (2 c. à soupe) de sirop de merisier

15 ml (1 c. à soupe) de poivre concassé

680 g (1½ lb) de filet de saumon

15 ml (1 c. à soupe) d'huile olive

Sel

PRÉPARATION

Préchauffer le barbecue à puissance maximale.

Dans une casserole, mettre le cidre et le sucre, et laisser réduire jusqu'à consistance sirupeuse.

Ajouter le sirop de merisier et le poivre, et mélanger. Réserver.

Badigeonner le filet de saumon d'huile d'olive et assaisonner avec le sel.

Cuire le saumon sur le barbecue côté chair environ 5 minutes. Retourner le filet et le badigeonner avec la laque de merisier.

Éteindre le barbecue, fermer le couvercle et poursuivre la cuisson du poisson pendant 10 minutes.

Badigeonner une dernière fois avant de servir.

Idéal froid, avec une mayonnaise, mais aussi chaud avec un riz brun aux champignons.

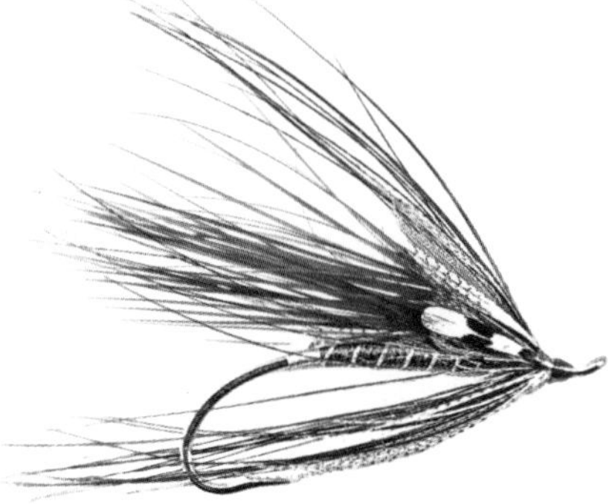

AIGLEFIN CUIT SUR LA PEAU, CHUTNEY AUX KUMQUATS ET SALADE D'ENDIVES

PORTIONS 4
PRÉPARATION 25 minutes
CUISSON 20 minutes

INGRÉDIENTS

CHUTNEY AUX KUMQUATS

125 ml (½ tasse) de kumquats

100 g (½ tasse) de sucre

60 ml (¼ tasse) de vinaigre de vin blanc

1 échalote française, ciselée

AIGLEFIN

15 ml (1 c. à soupe) d'huile d'olive

12 g (1 c. à soupe) de beurre

4 portions d'aiglefin d'environ 150 g (⅓ lb) chacune

Sel

SALADE D'ENDIVES

2 endives

30 ml (2 c. à soupe) d'huile d'olive

15 ml (1 c. à soupe) de jus de citron

15 ml (1 c. à soupe) de ciboulette ciselée

Sel et poivre

PRÉPARATION

Préparer le chutney. Couper les kumquats en 4 et retirer les pépins.

Dans une casserole, mettre les kumquats et les recouvrir d'eau froide. Porter à ébullition et égoutter aussitôt.

Recommencer l'opération 2 autres fois.

Dans une petite casserole, mettre le sucre, le vinaigre et l'échalote.

Porter à ébullition et ajouter les kumquats blanchis. Laisser mijoter 5 minutes, puis retirer du feu. Réserver le chutney au froid.

Préparer l'aiglefin. Dans une poêle à fond épais, chauffer l'huile d'olive à feu moyen. Ajouter le beurre et le faire mousser.

Assaisonner les portions de poisson avec le sel.

Déposer les morceaux d'aiglefin, côté peau, dans la poêle. Cuire 5 minutes environ, selon l'épaisseur du poisson. Couvrir sans retourner le poisson.

Préparer la salade d'endives. Couper les endives en 2, sur la longueur.

Émincer les morceaux dans le sens contraire de la feuille.

Dans un saladier, mettre les endives et les assaisonner avec le sel et le poivre. Ajouter l'huile, le jus de citron et la ciboulette, et mélanger.

Pour le montage. Déposer une portion de poisson dans une assiette avec une cuillerée de chutney aux kumquats à côté. Garnir avec un peu de salade d'endives.

RAVIOLIS DE CRABE À LA CORIANDRE, BOUILLON DE CRUSTACÉS AU SAFRAN

PORTIONS 4
PRÉPARATION 45 minutes
CUISSON 2 heures

INGRÉDIENTS

BOUILLON

30 ml (2 c. à soupe) d'huile d'olive
1 litre (4 tasses) de carapaces de crabe
250 ml (1 tasse) de vin blanc
2 litres (8 tasses) d'eau
1 carotte, coupée en rondelles
1 oignon, émincé
2 branches de céleri, coupées finement
1 feuille de laurier
1 branche de thym
15 ml (1 c. à soupe) de pâte de tomates
10 pistils de safran
25 g (2 c. à soupe) de beurre
Sel et poivre

FARCE

454 g (1 lb) de chair de crabe cuite
400 g (15 oz) de ricotta
60 ml (4 c. à soupe) de coriandre hachée
5 ml (1 c. à thé) de piment d'Espelette
64 carrés de pâte à wontons
1 œuf battu

PRÉPARATION

Préparer le bouillon. Dans une grande casserole, faire chauffer l'huile d'olive et faire colorer les carapaces.

Déglacer avec le vin blanc et laisser réduire de moitié en brassant régulièrement.

Ajouter l'eau, la carotte, l'oignon, le céleri, le laurier, le thym et la pâte de tomates. Porter à ébullition, puis réduire le feu et laisser mijoter 2 heures.

Filtrer et réserver 1 litre (4 tasses) de bouillon au chaud. Ajouter le safran dans le litre de bouillon réservé et laisser infuser.

Préparer les raviolis. Dans un bol, mélanger la chair de crabe avec la ricotta, la coriandre et le piment.

Placer la moitié des pâtes à wontons sur un plan de travail propre.

Badigeonner les 32 carrés de pâte avec l'œuf battu.

Rapidement, déposer 15 ml (1 c. à soupe) de farce au centre de chaque carré, puis recouvrir avec les carrés de pâte restants.

Presser le pourtour des carrés pour bien emprisonner la farce au centre des raviolis.

Au moment de servir, porter le litre de bouillon à ébullition, rectifier l'assaisonnement et ajouter le beurre. Conserver le bouillon très chaud.

Dans une grande casserole d'eau bouillante salée, plonger les raviolis un à la fois pour éviter qu'ils collent ensemble.

Cuire les raviolis 3 minutes, puis les retirer de l'eau et les déposer dans un bol chaud.

À l'aide d'un mélangeur à main, émulsionner le beurre dans le bouillon de crustacés et le verser immédiatement sur les raviolis.

SOUFFLÉ DE CRABE DES NEIGES

PORTIONS 4
PRÉPARATION 20 minutes
CUISSON 30 minutes

INGRÉDIENTS

BISQUE DE CRUSTACÉS

1 litre (4 tasses) de carapaces de crustacés (de crabe ou de homard)

45 ml (3 c. à soupe) d'huile d'olive

30 ml (2 c. à soupe) de beurre

1 oignon jaune moyen, ciselé finement

1 blanc de poireau, ciselé finement

1 branche de céleri, coupée en dés

1 carotte, coupée en dés

2 gousses d'ail, écrasées

30 ml (2 c. à soupe) de cognac

45 ml (3 c. à soupe) de concentré de tomates

1,5 litre (6 tasses) d'eau

2 branches d'estragon

250 ml (1 tasse) de crème 35 %

Sel et poivre ›››

PRÉPARATION

Préparer la bisque de crustacés. Concasser les carapaces de crustacés en petits morceaux à l'aide d'un couteau du chef.

Dans une casserole à fond épais, faire mousser l'huile et le beurre.

Déposer les morceaux de carcasse dans la casserole et les faire colorer légèrement.

Une fois les morceaux colorés uniformément, ajouter les légumes et poursuivre la cuisson quelques minutes pour les faire tomber.

Déglacer avec le cognac, puis ajouter le concentré de tomates.

Bien enrober les morceaux de concentré de tomates, puis couvrir d'eau.

Porter à ébullition, puis cuire à feu moyen 25 minutes.

Filtrer la préparation à l'aide d'une passoire.

Remettre le liquide dans une casserole et porter à ébullition à feu moyen.

Ajouter la crème et faire réduire jusqu'à consistance onctueuse.

Au dernier moment, ajouter l'estragon et poursuivre la cuisson 5 minutes au maximum. Rectifier l'assaisonnement.

Passer au chinois fin, puis au mélangeur à main. Réserver.

SOUFFLÉ

4 œufs

30 g (2 c. à soupe) de beurre salé

30 g (¼ tasse) de farine tout usage

250 ml (1 tasse) de lait froid

225 g (½ lb) de chair de crabe des neiges

125 ml (½ tasse) de bisque de crustacés

1 pincée de sel

Préparer le soufflé. Préchauffer le four à 190 °C (375 °F).

Séparer les jaunes et les blancs des œufs. Réserver.

Dans une casserole à fond épais, faire fondre le beurre, puis ajouter la farine.

À l'aide d'un fouet, cuire le roux quelques minutes, sans coloration, puis ajouter le lait froid.

Sans cesser de remuer, cuire la béchamel environ 5 minutes à feu très doux.

Retirer du feu, ajouter la chair de crabe, la bisque de crustacés et les jaunes d'œufs, et mélanger délicatement. Verser dans un cul-de-poule et réserver.

Beurrer et fariner 4 ramequins ou un grand moule à soufflé. Réserver au froid.

Dans un cul-de-poule, monter les blancs en neige ferme avec une pincée de sel.

À l'aide d'une spatule, incorporer délicatement les blancs en neige à la préparation de crabe.

Remplir les ramequins ou le moule de la préparation jusqu'aux trois quarts.

Cuire au 30 minutes en prenant garde de ne pas ouvrir le four pendant la cuisson. Servir aussitôt.

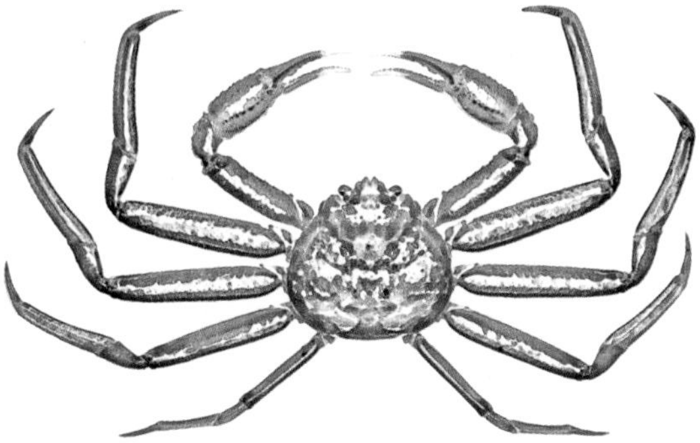

CIVET DE HOMARD AU VIN ORANGE ET AUX AGRUMES

PORTIONS 4
PRÉPARATION 1 h 30
CUISSON 40 minutes

INGRÉDIENTS

4 homards d'environ 680 g (1½ lb) chacun

30 ml (2 c. à soupe) d'huile d'olive

1 échalote française, ciselée

12 g (1 c. à soupe) de beurre

125 ml (½ tasse) de vin orange

2 oranges

500 ml (2 tasses) de fond brun de volaille maison (p. 187) ou du commerce

125 ml (½ tasse) de crème 35 %

Sel et poivre

PRÉPARATION

Cuire les homards 4 minutes dans une grande casserole d'eau bouillante salée, puis les refroidir immédiatement dans un récipient d'eau glacée.

Décortiquer les homards et couper les queues en 2.

Dans une grande poêle, faire revenir les morceaux de homard dans l'huile d'olive 2 minutes de chaque côté.

Déposer les morceaux de homard dans une assiette et réserver au chaud.

Préparer la sauce. Dans la même poêle, faire suer l'échalote avec le beurre 2 minutes.

Verser le vin et faire réduire de moitié.

Prélever les zestes des oranges et les ajouter à la poêle.

Verser le fond de volaille et la crème, et laisser réduire jusqu'à l'obtention d'une sauce onctueuse, environ 10 minutes.

Pendant la réduction, dégager les suprêmes des oranges.

Ajouter les suprêmes à la sauce et rectifier l'assaisonnement.

Réchauffer délicatement les morceaux de homard dans la sauce et servir aussitôt.

MORUE AU BOUILLON DE JAMBON ET AUX PETITS LÉGUMES

PORTIONS 4
PRÉPARATION 30 minutes
CUISSON 1 heure

INGRÉDIENTS

BOUILLON DE JAMBON

1 carotte, coupée en dés de 2,5 cm (1 po)
1 branche de céleri, coupée en dés de 2,5 cm (1 po)
1 oignon jaune moyen, coupé en dés de 2,5 cm (1 po)
1 tête d'ail, coupée en 2
3 branches de thym
1 feuille de laurier
227 g (½ lb) de prosciutto, coupé en dés de 2,5 cm (1 po)
2,5 litres (10 tasses) d'eau
Sel et poivre

MORUE

4 pavés de morue de 170 g (6 oz) chacun
30 ml (2 c. à soupe) d'huile d'olive
15 ml (1 c. à soupe) de beurre
Sel et poivre

PETITS LÉGUMES

125 ml (½ tasse) de céleri-rave, coupé en dés
125 ml (½ tasse) de pois verts
125 ml (½ tasse) de carottes, coupées en dés
125 ml (½ tasse) de rabioles (navets blancs), coupées en dés
30 ml (2 c. à soupe) d'herbes salées du Cap Diamant (p. 188)
Prosciutto séché pour décorer

PRÉPARATION

Préparer le bouillon. Dans une grande casserole, mettre tous les ingrédients avec l'eau et porter à ébullition.

Diminuer le feu et laisser mijoter 1 heure.

Filtrer au chinois et rectifier l'assaisonnement. Réserver au chaud.

Préparer la morue. Saler les pavés de morue côté chair.

Dans une poêle à fond épais, chauffer l'huile d'olive et saisir les pavés, côté peau, pendant 2 minutes.

Ajouter le beurre et retourner les pavés. Baisser le feu au minimum et couvrir d'un papier d'aluminium.

Au bout de 5 minutes, vérifier la cuisson du poisson à l'aide d'un cure-dent ou la pointe d'un couteau.

Préparer les légumes. Dans une casserole d'eau bouillante salée, cuire les légumes séparément selon leur temps de cuisson respectif.

Plonger les légumes dans un bain d'eau glacée pour arrêter la cuisson, puis les égoutter.

Dans un bol, mélanger les légumes avec les herbes salées et réserver au chaud.

Pour le montage. Dans des bols creux et chauds, répartir les légumes, déposer les pavés de morue sur le dessus et verser le bouillon chaud.

Décorer avec du prosciutto séché. Servir immédiatement.

PÉTONCLES RÔTIS ET BEURRE DE POMMES JAUNES AUX GRAINES DE CORIANDRE

PORTIONS 4
PRÉPARATION 30 minutes
CUISSON 30 minutes

INGRÉDIENTS

BEURRE DE POMMES JAUNES

454 g (1 lb) de pommes jaunes (Golden) épluchées, épépinées et coupées en dés

25 g (2 c. à soupe) de sucre

1 pincée de sel

2,5 ml (½ c. à thé) de graines de coriandre

80 g (⅓ tasse) de beurre

5 ml (1 c. à thé) de curcuma

PÉTONCLES

12 pétoncles (grosseur 10-20)

Filet d'huile d'olive

Noisette de beurre

Quelques bâtonnets de pomme

Fleur de sel

PRÉPARATION

Préparer le beurre de pommes jaunes. Dans un bol allant au micro-ondes, placer les dés de pomme, le sucre, le sel et les grains de coriandre. Recouvrir d'une pellicule de plastique.

Cuire 20 minutes au micro-ondes, à haute intensité.

Verser les pommes dans une étamine et refermer pour former un baluchon. Placer l'étamine dans une passoire au-dessus d'un bol et serrer fortement pour en extraire l'eau au maximum.

Déposer les pommes dans le bol du mélangeur, puis ajouter le beurre et le curcuma. Mixer jusqu'à l'obtention d'une préparation lisse.

Réserver au réfrigérateur.

Préparer les pétoncles. Nettoyer les pétoncles et retirer le muscle sur le côté.

Éponger les pétoncles sur du papier absorbant.

Dans une poêle antiadhésive chaude, verser un filet d'huile d'olive et ajouter une noisette de beurre.

Déposer les pétoncles délicatement dans la poêle. Saisir les pétoncles 2 minutes de chaque côté.

Pour le montage. Verser le beurre de pommes dans une bouteille « squeeze ».

Dans une assiette, faire quelques points de beurre de pommes.

Déposer les pétoncles à côté des points, mettre quelques grains de fleurs de sel sur chaque mollusque et décorer avec des bâtonnets de pomme fraîche.

Stéphane et moi avons créé plusieurs recettes sur ce thème pomme jaune + graines de coriandre + curcuma, un trio qui entre dans une puissante synergie aromatique lorsqu'il est accompagné de vin grec de cépage moschofilero, tout comme d'une bière blanche. À moins de terminer, avec ce plat, le Campari, soda et jus d'orange de l'apéritif. F. C.

FISH AND CHIPS

PORTIONS 4
PRÉPARATION 10 minutes
CUISSON 10 minutes

INGRÉDIENTS

PÂTE

250 g (2 tasses) de farine blanche tout usage

10 ml (2 c. à thé) de sel fin

500 ml (2 tasses) de bière blonde

POISSON

454 g (1 lb) de flétan (ou autre poisson à chair blanche)

60 ml (¼ tasse) de fécule de pomme de terre

PRÉPARATION

Préparer la pâte. Dans un grand bol, mélanger les ingrédients secs.

Verser la bière en filet en fouettant pour éviter la formation de grumeaux.

Préparer le poisson. Tailler des lanières de poisson d'environ 2 cm (¾ po) d'épaisseur.

Passer les lanières de poisson rapidement dans la fécule de pomme de terre pour faire adhérer la pâte.

Préparer un bain de friture à 160 °C (325 °F).

Plonger les lanières de poisson dans la pâte et les secouer pour en retirer l'excédent.

Plonger les lanières de poisson dans la friture. Cuire 7 minutes ou jusqu'à ce que la pâte soit bien dorée.

Champagne! J'aime le contraste entre la noblesse du champagne et le côté très bouffe d'enfants ou de pub anglais des fish and chips. Et les bulles et la friture, eh bien, ça fait des feux d'artifice! Un prosecco italien fait aussi bien le travail, tout comme les bulles fines d'une bière pale ale *de l'une des multiples microbrasseries du Québec. F. C.*

LES

À-CÔTÉS

À-CÔTÉS

OIGNONS EN CROÛTE DE SEL

PORTIONS 4
PRÉPARATION 15 minutes
CUISSON 1 heure

INGRÉDIENTS

500 ml (2 tasses) de sel fin

9 g (1 c. à soupe) de farine

2 blancs d'œufs

7,5 ml (½ c. à soupe) de cumin en poudre

7,5 ml (½ c. à soupe) de poudre d'ail

1 pincée de noix de muscade en poudre

2 oignons jaunes moyens avec la pelure

PRÉPARATION

Préparer la croûte de sel. Dans un bol, mettre le sel fin et la farine, les blancs d'œufs et les épices. Mélanger avec les mains pour obtenir une texture qui ressemble à celle d'un beurre pommade.

Préchauffer le four à 200 °C (400 °F).

À l'aide des mains, façonner une croûte assez mince autour des oignons, puis les déposer délicatement sur une plaque à pâtisserie.

Cuire les oignons au four 1 heure.

Au moment de servir, casser la croûte et retirer l'excédent de sel sur les oignons. Tailler les oignons en 2 et manger les cœurs confits.

Les oignons confits sont délicieux comme accompagnement d'une pièce de viande, mais aussi comme base pour confectionner une sauce qui accompagnera une viande.

On peut aussi réaliser cette recette avec des échalotes françaises.

CHOU-FLEUR RÔTI ENTIER

PORTIONS 4
PRÉPARATION 15 minutes
CUISSON 1 heure

INGRÉDIENTS

2,5 ml (½ c. à thé) de sel de céleri

2,5 ml (½ c. à thé) de graines de coriandre moulues

30 ml (2 c. à soupe) d'huile d'olive

1 chou-fleur

VINAIGRETTE

1 jaune d'œuf

30 ml (2 c. à soupe) de vinaigre de xérès

30 ml (2 c. à soupe) de miel naturel

Le zeste de 1 orange

125 ml (½ tasse) d'huile d'olive

30 ml (2 c. à soupe) d'eau

30 ml (2 c. à soupe) de jus d'orange

Quelques feuilles de roquette

Copeaux de parmesan

PRÉPARATION

Préchauffer le four à 190 °C (375 °F).

Dans un petit bol, mélanger le sel de céleri, les graines de coriandre et l'huile d'olive. Réserver.

Retirer les feuilles vertes à la base du chou-fleur et le placer sur un papier d'aluminium.

Badigeonner le chou-fleur avec l'huile assaisonnée.

Refermer le papier sur le chou-fleur.

Cuire au four 1 heure.

Pendant ce temps, préparer la vinaigrette.

Dans un bol, mettre le jaune d'œuf, le vinaigre, le miel et le zeste d'orange, et mélanger.

En fouettant, verser l'huile lentement en filet en alternant avec l'eau et le jus d'orange pour avoir une texture lisse.

Couper le chou-fleur en quartiers et verser la vinaigrette en filet sur chaque quartier. Décorer de feuilles de roquette et de copeaux de parmesan.

À-CÔTÉS

TOPINAMBOURS CONFITS ÉCRASÉS ET POÊLÉS

PORTIONS 4
PRÉPARATION 5 minutes
CUISSON 45 minutes

INGRÉDIENTS

227 g (½ lb) de topinambours entiers
500 ml (2 tasses) de gras de canard
1 gousse d'ail en chemise
2 branches de romarin
Sel

PRÉPARATION

Nettoyer les topinambours et bien les assécher avec du papier absorbant.

Dans une casserole, chauffer le gras de canard. Ajouter l'ail et le romarin, et laisser infuser 15 minutes.

Ajouter les topinambours dans le gras de canard infusé.

Cuire à feu doux environ 30 minutes ou jusqu'à ce que la pointe d'un couteau entre facilement dans les topinambours.

Retirer la casserole du feu et laisser tempérer les topinambours dans le gras.

Écraser légèrement les topinambours pour exposer un peu de chair à l'extérieur de la pelure.

Dans une poêle antiadhésive chaude, rôtir les topinambours des 2 côtés et saler.

COUSCOUS DE PANAIS CONFIT À L'HUILE D'OLIVE

PORTIONS 4
PRÉPARATION 30 minutes
CUISSON 10 minutes

INGRÉDIENTS

454 g (1 lb) de panais

1 litre (4 tasses) d'eau

500 ml (2 tasses) d'huile d'olive

1 gousse d'ail

2,5 ml (½ c. à thé) de cumin moulu

Sel et poivre

PRÉPARATION

Éplucher les panais et les tailler en morceaux d'environ 2 cm (¾ po).

Dans le bol du robot culinaire, mettre les panais et l'eau.

Actionner l'appareil jusqu'à l'obtention de petits morceaux de la grosseur de grains de couscous.

Égoutter les panais en les pressant fermement dans un carré d'étamine.

Dans une grande casserole, verser l'huile, puis ajouter l'ail, le cumin et le couscous de panais.

Faire bouillir la préparation à feu élevé environ 10 minutes ou jusqu'à ce que le panais prenne une couleur un peu plus foncée, en brassant continuellement.

Verser la préparation dans un plat et réfrigérer.

Servir en accompagnement d'une viande grillée ou d'un poisson vapeur. Une belle solution de rechange au couscous de blé !

Vous pouvez conserver l'eau des panais pour mouiller une soupe ou un potage.

PURÉE DE COURGE D'HIVER

PORTIONS 6
PRÉPARATION 30 minutes
CUISSON 1 h 30

INGRÉDIENTS

- 1 courge Buttercup d'environ 800 g (1¾ lb)
- 30 ml (2 c. à soupe) d'huile d'olive
- 2 gousses d'ail en chemise
- 2 branches de thym
- 1 litre (4 tasses) de crème 35 %
- 30 ml (2 c. à soupe) de miel naturel

PRÉPARATION

Préchauffer le four à 180 °C (350 °F).

Sur une planche à découper, couper la courge en 2 et retirer les pépins.

Badigeonner les moitiés de courge d'huile d'olive et les assaisonner avec le sel et le poivre.

Déposer une gousse d'ail et une branche de thym dans chaque moitié de courge.

Sur une plaque à pâtisserie recouverte d'un papier sulfurisé, placer les moitiés de courge, face coupée vers le bas. Cuire au four 1 heure.

Après ce temps, vérifier la cuisson. La pointe d'un couteau doit entrer facilement dans la courge. Laisser tiédir.

À l'aide d'une cuillère, prélever la chair de la courge et la placer dans le bol du mélangeur.

Dans une casserole, faire réduire la crème de moitié, puis la verser dans le bol du mélangeur avec la chair de courge.

Mixer et ajouter le miel. Mixer de nouveau, puis rectifier l'assaisonnement.

Passer au tamis et servir.

ENDIVES CONFITES AU KUMQUAT ET AUX BAIES DE GENIÈVRE

PORTIONS 4
PRÉPARATION 25 minutes
CUISSON 25 minutes

INGRÉDIENTS

2 ou 3 kumquats

50 g (¼ tasse) de sucre

200 ml (4/5 tasse) de jus d'orange

6 baies de genièvre, écrasées

6 endives

Sel

PRÉPARATION

Laver les kumquats sous l'eau et les éponger.

Couper la peau des kumquats en brunoise.

Dans une petite casserole, mettre le sucre, le jus d'orange, les baies de genièvre et la moitié de la brunoise. Cuire à feu doux 5 minutes.

Passer le jus au tamis et le verser dans une poêle large à bords élevés.

Couper les endives en 2 sur la longueur et les placer dans le jus, dans la poêle, face coupée vers le bas. Ajouter le reste de la brunoise.

Cuire à couvert, à feu doux, 15 minutes ou jusqu'à ce que la pointe d'un couteau pénètre facilement dans la partie la plus charnue de l'endive.

Rectifier l'assaisonnement et servir.

Pour des endives glacées, il suffit de les retirer de la poêle à la fin de la cuisson, de faire réduire le jus en caramel, puis de replonger les endives dans le caramel chaud.

SALADE DE DÉS DE COURGE

PORTIONS 4
PRÉPARATION 20 minutes
CUISSON 6 minutes

INGRÉDIENTS

SALADE DE DÉS DE COURGE

454 g (1 lb) de courge Butternut, coupée en dés

500 ml (2 tasses) d'huile d'olive

2 branches de thym

Sel et poivre

VINAIGRETTE

30 ml (2 c. à soupe) d'échalotes françaises ciselées

30 ml (2 c. à soupe) d'huile d'olive

30 ml (2 c. à soupe) de vin blanc

30 ml (2 c. à soupe) de vinaigre de Banyuls ou de cidre

30 ml (2 c. à soupe) de persil ciselé

30 ml (2 c. à soupe) de ciboulette ciselée

Sel et poivre

PRÉPARATION

Préparer la salade de dés de courge. Dans une casserole, faire confire les dés de courge dans l'huile d'olive avec le thym environ 5 minutes ou jusqu'à ce qu'ils soient fondants.

Réserver à température ambiante.

Préparer la vinaigrette. Dans une petite casserole, faire suer l'échalote avec l'huile d'olive.

Retirer du feu et déglacer avec le vin blanc.

Ajouter le vinaigre, le persil et la ciboulette. Laisser tiédir et réserver.

Égoutter les dés de courge. Dans un saladier, déposer les dés de courge et les assaisonner avec la vinaigrette tiède.

Rectifier l'assaisonnement.

SALADE D'ÉPEAUTRE

PORTIONS 4
TREMPAGE 1 nuit
PRÉPARATION 30 minutes
CUISSON 35 minutes

INGRÉDIENTS

250 ml (1 tasse) de petit épeautre*

1 oignon rouge moyen, ciselé

2 betteraves jaunes moyennes cuites, coupées en dés

60 g (½ tasse) de noisettes concassées

1 gousse d'ail, hachée finement

30 g (¼ de tasse) de canneberges séchées

1 bouquet de persil plat, ciselé finement

VINAIGRETTE

1 pincée de sel

30 ml (2 c. à soupe) de vinaigre de cidre

30 ml (2 c. à soupe) de moutarde à l'érable (p. 210)

45 ml (3 c. à soupe) d'huile d'olive

Sel et poivre

PRÉPARATION

Rincer l'épeautre sous l'eau courante, puis le mettre dans un contenant. Recouvrir d'eau froide et faire tremper une nuit.

Le lendemain, égoutter l'épeautre, puis le cuire dans une casserole d'eau bouillante salée 30 minutes. Égoutter et réserver.

Dans un saladier, mettre l'oignon, les betteraves, les noisettes, l'ail, les canneberges, le persil. Ajouter l'épeautre et bien mélanger.

Préparer la vinaigrette. Dans un bol, dissoudre le sel dans le vinaigre. Ajouter la moutarde et la diluer. À l'aide d'un fouet, ajouter l'huile doucement en filet et émulsionner. Poivrer au goût.

Verser la vinaigrette sur la salade d'épeautre et mélanger. Rectifier l'assaisonnement. Servir.

* Vendu dans les magasins spécialisés ou dans les rayons d'aliments biologiques.

ALIGOT DE POMME DE TERRE AU FROMAGE FOIN-DE-GRÈVES

PORTION 1
PRÉPARATION 30 minutes
CUISSON 45 minutes

INGRÉDIENTS

454 g (1 lb) de pomme de terre Yukon Gold

30 g (2 c. à soupe) de beurre

125 ml (½ tasse) de crème 35 %

200 g (7 oz) de fromage Foin-de-Grèves (ou autre fromage à pâte ferme), râpé

Sel et poivre

PRÉPARATION

Dans une grande casserole d'eau froide salée, mettre les pommes de terre et porter à ébullition.

Cuire 30 minutes. Égoutter et laisser tempérer.

Passer les pommes de terre au moulin à purée, puis les mettre dans une casserole.

Ajouter le beurre et la crème, puis assaisonner avec le sel et le poivre. Mélanger à l'aide d'une cuillère en bois.

Chauffer la purée à feu moyen, en remuant constamment.

Ajouter le fromage, petit à petit, en remuant avec la cuillère pour le faire fondre.

Continuer de remuer avec la cuillère en raclant les parois de la casserole. Lorsque la purée commence à filer, la retirer immédiatement du feu.

Rectifier l'assaisonnement et servir.

Finir l'aligot au moment de servir. Ça ne se réchauffe pas très bien.

La pulpe de pomme de terre se parfume bien avec une épice sèche comme le paprika ou le curcuma. À vous de découvrir vos préférences avec le fromage et le plat.

HARICOTS BLANCS À LA TOMATE

PORTIONS 4
MACÉRATION une nuit
PRÉPARATION 15 minutes
CUISSON 3 heures

INGRÉDIENTS

225 g (½ lb) de haricots blancs secs (de type coco)

1 feuille de laurier

1 branche de thym

1 oignon espagnol moyen, haché

100 g (3 ½ oz) de poitrine de porc salée (de type coppa séchée), coupée en dés

15 ml (1 c. à soupe) d'huile d'olive

60 ml (¼ tasse) de tomates concassées

1 tête d'ail entière, épluchée et hachée

15 ml (1 c. à soupe) de persil haché

7,5 ml (½ c. à soupe) de vinaigre de vin rouge

15 ml (1 c. à soupe) d'huile d'olive

Sel

PRÉPARATION

Mettre les haricots à tremper dans de l'eau froide, une nuit.

Le lendemain, bien rincer les haricots, les placer dans une casserole de fonte émaillée à fond épais et les couvrir d'eau froide.

Faire mijoter les haricots 30 minutes à feu doux.

Égoutter les haricots, puis les rincer. Jeter l'eau de cuisson.

Remettre les haricots dans la casserole, ajouter une pointe de sel, le laurier et le thym. Couvrir d'eau et laisser mijoter à feu très doux.

Dans une poêle, faire revenir l'oignon et la poitrine de porc dans l'huile d'olive. Ajouter l'ail haché et faire dorer le tout.

Ajouter les tomates concassées et faire revenir quelques minutes.

Verser le mélange de la poêle dans la casserole de haricots et poursuivre la cuisson environ 2 heures ou jusqu'à ce que les haricots soient tendres.

Au besoin, ajouter un peu d'eau durant la cuisson pour couvrir les haricots.

Au moment de servir, ajouter le persil haché, le vinaigre et l'huile d'olive. Rectifier l'assaisonnement.

Se mange aussi tiède ou en accompagnement.

RIZ NOIR IMPÉRIAL À LA CRÈME DE SOYA, ÉCHALOTES ET VIN ROUGE COMME UN RISOTTO

PORTION 6
PRÉPARATION 15 minutes
CUISSON 55 minutes

INGRÉDIENTS

750 ml (3 tasses) de bouillon de légumes

1 feuille de laurier

1 branche de thym

2 échalotes françaises, ciselées

1 gousse d'ail, écrasée

30 ml (2 c. à soupe) d'huile d'olive

250 ml (1 tasse) de riz noir impérial (pas du riz sauvage)

250 ml (1 tasse) de vin rouge

250 ml (1 tasse) de crème de soya

Sel et poivre

PRÉPARATION

Dans une casserole à fond épais, verser le bouillon de légumes, ajouter le laurier et le thym et laisser frémir à couvert.

Dans une sauteuse, faire suer les échalotes et la gousse d'ail dans l'huile d'olive jusqu'à ce qu'elles soient translucides, mais sans coloration.

Ajouter le riz et le faire revenir jusqu'à ce qu'il soit complètement brillant et enrobé de matières grasses.

Déglacer avec le vin rouge et faire réduire à sec. Baisser le feu.

Ajouter le bouillon de légumes, une petite quantité à la fois, en remuant fréquemment pour éviter que le riz adhère au fond de la sauteuse.

Cuire environ 45 minutes ou jusqu'à ce que le riz soit *al dente*.

Ajouter la crème de soya et poursuivre la cuisson jusqu'à l'obtention d'une texture crémeuse.

Rectifier l'assaisonnement.

Cette recette est végétalienne à la base, mais on peut aussi y ajouter 125 g (4 oz) de parmesan râpé à la fin de la cuisson.

LE PAIN DE L'AUTRE AVEC LA FARINE DE SA MÈRE

RENDEMENT 1 gros pain
PRÉPARATION 5 heures
CUISSON 1 heure

INGRÉDIENTS

420 g (1⅔ tasse) d'eau à 25-30 °C (77-95 °F)

2 g (½ c. à thé) de levure sèche ou 4 g (2 c. à thé) de levure fraîche de boulanger

400 g (3¼ tasses) de farine blanche non blanchie

100 g (⅘ tasse) de farine de sarrasin verte

9 g (½ c. à soupe) de sel de mer

PRÉPARATION

Dans un grand bol, mélanger l'eau et la levure au fouet, laisser reposer de 4 à 5 minutes.

Incorporer lentement les farines et le sel à l'aide d'une spatule pour former une boule grossière.

Déposer la boule dans un contenant de plastique muni d'un couvercle.

Laisser reposer 5 minutes et faire un premier rabat en étirant doucement la boule avec les mains, puis en rabattant les bords vers le centre pour reformer une boule. Remettre la boule dans le contenant de plastique fermé et laisser reposer.

Répéter l'opération toutes les heures pendant 4 heures.

Après ce temps, transférer la pâte à l'envers, côté lisse en dessous, sur le plan de travail fariné. Replier la pâte sur elle-même et la remettre à l'endroit en la travaillant un peu pour reformer une boule.

Couvrir la pâte d'un linge et laisser reposer 20 minutes.

Pendant ce temps, chauffer une grande cocotte en fonte émaillée avec un couvercle au four à 260 °C (500 °F).

Former encore une fois une boule avec la pâte, puis la déposer à l'envers dans un banneton ou un saladier fariné, bien couvrir et laisser fermenter 45 minutes.

Sortir la cocotte du four et déposer délicatement la pâte dans le fond. Faire une incision sur le pain à l'aide d'une lame de rasoir, couvrir la cocotte et cuire à 230 °C (450 °F) pendant 20 minutes.

Retirer le couvercle et poursuivre la cuisson 40 minutes.

Sortir le pain du four et le laisser refroidir sur une grille.

Cette recette m'a été donnée par François Dompierre, célèbre compositeur à qui nous devons entre autres la musique du film *Le déclin de l'empire américain*. François Chartier et moi l'avions rencontré lors d'un tournage de *Papilles et Molécules*. J'ai tout simplement ajusté quelque peu la recette avec beaucoup de respect.

BREBEUF
BASKETBALL

LE CLAN

Être l'ami de Stéphane Modat, c'est faire partie du « clan ». Ici, je ne parle pas d'un quelconque clan de chefs ou d'une certaine mafia de marchands de viandes rarissimes, mais bel et bien d'un clan familial ! Celui des Modat-Sevigny.

J'ai connu Stéphane au milieu des années 2000, alors qu'il sévissait auprès d'autres fourneaux, avec la même créativité qui l'habite encore aujourd'hui. J'avais été saisi juste à la lecture de son menu sur le site Internet du restaurant. Après avoir fait la route de Sainte-Adèle à Québec, et m'être laissé emporter et inspirer par sa plus que créative, juste et précise cuisine, j'ai rencontré l'homme pour causer une dizaine de minutes après le repas. Coup de foudre professionnel instantané ! J'ai dit à ma conjointe Carole, sur le chemin du retour, que j'espérais sincèrement avoir le privilège de collaborer avec lui un de ces quatre. La suite, vous la connaissez.

Mais ce que vous ne savez pas, c'est qu'avec « Modâât », comme je l'appelle avec mon accent montréalais, qui prend ami prend famille ! En devenant le copain de cet ex-pêcheur de langoustes – petit job d'été qu'il a eu dans les fonds de sa Méditerranée natale, soit dit en passant –, vous entrez dans ce qu'il nomme « le clan Modat-Sevigny », qui inclut bien sûr son amoureuse Jasmine et ses quatre petits ours, mais aussi sa famille et sa belle-famille, ainsi que les amis et parents de ses enfants, tout comme ceux de la belle-famille, etc. Vous avez compris le principe.

Tout ça pour vous dire qu'il cuisine autant pour le clan, dans sa cour, où les grandes tablées sont chose commune – sur des tables devenues des tableaux de pêche signés par l'ami artiste Pierre Bouchard –, qu'au Château, sa seconde demeure. Et qu'il y met autant d'art, d'amour et de passion, que ce soit dans la cour pour le clan qu'au Château pour ses clients et *foodies* venus des quatre coins du monde.

On a commis ensemble plus de 1000 recettes, 5 livres, dont un où il a même fait avec maestria les photos (*Les recettes de Papilles et Molécules*), une série télévisée (*Papilles*), plusieurs ateliers devant public, et ce, tant a Québec qu'à Barcelone, New York et Montréal. Mais rien ne vaut pour moi les repas familiaux que j'ai eu le bonheur de prendre avec le clan, et les moments passés assis par terre dans le salon, en pieds de bas, à écouter les émissions jeunesse à la télé, collé sur les enfants, avant le repas !

Merci de ton amitié, Steph, et j'attends avec impatience mon prochain passage à Québec pour me délecter de tes nouvelles créations là-haut au Château, mais aussi pour festoyer avec le clan dans ta cour !

— TON AMI, FRANÇOIS

LE CHEMIN DE TABLE

Il y a la famille dont tu hérites, celle qui te construit. Il y a celle que tu choisis, que tu construis. Et il y a celle à venir, celle pour laquelle tu bâtis. J'aime penser qu'il y a un fil invisible qui tricote ces trois familles, passée-présente-future, et que je n'ai qu'à le suivre pour comprendre d'où je viens et où je vais.

Chez moi, personne n'était chef, mais tout le monde cuisinait. Dès leur réveil, mes grands-parents se mettaient aux fourneaux. À mes yeux de petit garçon, il n'y avait rien de plus accueillant qu'une maison qui sent bon. Je ne voulais pas devenir policier ou pompier. Je voulais être cuisinier ! Grâce à la cuisine, j'ai le pouvoir de rapprocher les gens autour d'une table et d'un plat, et de créer des souvenirs.

LES

DESSERTS

JELLY DE BONSHOMMES LEGO À LA CAROTTE ET AU GINGEMBRE

RENDEMENT 1 litre (4 tasses)
PRÉPARATION 15 minutes
CUISSON 7 minutes

INGRÉDIENTS

1 litre (4 tasses) de jus de carotte

8 g (4 c. à thé) d'agar-agar

50 g (3 c. à soupe) de gingembre frais râpé

PRÉPARATION

Dans une casserole à fond épais, porter le jus de carotte à ébullition, puis verser l'agar-agar en pluie dans le jus et fouetter.

Cuire à feu doux sans cesser de remuer pendant 2 minutes.

Retirer du feu, puis ajouter le gingembre.

Laisser infuser 5 minutes à couvert.

Passer à l'étamine, puis verser dans des moules en silicone en forme de bonshommes Lego ou simplement sur une plaque à rebords.

L'utilisation de la balance est recommandée pour cette recette, car la précision est importante.

On peut remplacer le jus de carotte par du jus de betterave, du jus d'orange ou tout autre jus au choix. Il n'y a pas de limite. Les enfants vont adorer !

BISCUITS FASTOCHES DE JASMINE

PORTIONS 60
PRÉPARATION 35 minutes
CUISSON 11 minutes

INGRÉDIENTS

750 g (1½ lb) de pistoles de chocolat noir

165 g (¾ tasse) de beurre salé

6 œufs, battus

180 g (1½ tasse) de farine tout usage

15 ml (1 c. à soupe) de poudre à pâte

750 g (1½ lb) de chocolat noir concassé

PRÉPARATION

Au bain-marie, faire fondre les pistoles de chocolat et le beurre.

Retirer du feu et ajouter les œufs. Fouetter énergiquement.

Dans un bol, mélanger la farine et la poudre à pâte, puis les ajouter au chocolat fondu.

Mélanger jusqu'à ce que la préparation soit lisse et tiède, puis ajouter le chocolat concassé.

Réserver au frais jusqu'à ce que le mélange soit ferme.

Sur une grande plaque à pâtisserie recouverte de papier sulfurisé, façonner des boules de pâte à biscuit d'environ 30 g (1 oz). Déposer la plaque au congélateur.

Une fois les boules congelées, les placer dans un contenant hermétique et les conserver au congélateur.

Au moment de servir, préchauffer le four à 180 °C (350 °F). Décongeler la quantité de boules de pâte désirée. Placer les boules de pâte sur une plaque à pâtisserie. Cuire au four pendant 11 minutes.

Ces biscuits seront parfaits pour les soirs sans desserts.

GÂTEAU À LA RICOTTA ET AUX AGRUMES

PORTIONS 6
PRÉPARATION 25 minutes
CUISSON 35 minutes

INGRÉDIENTS

4 œufs
135 g (⅔ tasse) de sucre
250 g (1 tasse) de ricotta
50 g (7 c. à soupe) de farine
150 g (2 tasses) de poudre d'amande
5 g (1½ c. à thé) de poudre à pâte
30 ml (2 c. à soupe) d'huile d'olive
Le jus de ½ orange
Le zeste de 1 citron

PRÉPARATION

Préchauffer le four à 180 °C (350 °F).

Dans un bol, blanchir les œufs et le sucre à l'aide d'un fouet. Ajouter la ricotta.

Tamiser ensemble la farine, la poudre d'amande et la poudre à pâte sur la préparation d'œufs blanchis, et mélanger à l'aide d'un fouet en évitant la formation de grumeaux.

Ajouter l'huile d'olive, le jus d'orange et le zeste de citron.

Chemiser un moule de 30 × 15 cm (12 × 6 po) avec une feuille de papier sulfurisé.

Verser le mélange dans le moule et cuire au four 35 minutes en vérifiant la cuisson à l'aide de la pointe d'un couteau.

MOELLEUX AUX AMANDES ET AU MELON CONFIT

PORTIONS 4
PRÉPARATION 35 minutes
CUISSON 45 minutes

INGRÉDIENTS

MELON CONFIT

1 melon brodé (cantaloup)

La moitié du poids du fruit en sucre

Le jus de 1 citron

BISCUIT

4 œufs

150 g (5 oz) de pâte d'amandes

70 g (⅓ tasse) de sucre

65 g (⅓ tasse) de cassonade

130 g (1 tasse) de farine

4 g (1 c. à thé) de poudre à pâte

125 ml (½ tasse) d'huile végétale

60 ml (¼ tasse) de sirop d'érable

PRÉPARATION

Préparer le melon confit. Peler et épépiner le melon. Couper la chair en dés de 2,5 cm (1 po).

Peser la quantité de chair de melon obtenue. Mettre les dés de melon dans un bol et verser sur le dessus l'équivalent de la moitié du poids du fruit en sucre. Ajouter le jus de citron.

Bien mélanger et couvrir d'une pellicule de plastique. Réserver au réfrigérateur 2 heures.

Verser le contenu du bol dans une casserole à fond épais et cuire à frémissements 15 minutes.

Retirer du feu et laisser refroidir la préparation. Réserver au réfrigérateur.

Préparer le biscuit aux amandes. Préchauffer le four à 180 °C (350 °F).

Dans un cul-de-poule, mettre les œufs, la pâte d'amandes, le sucre et la cassonade. À l'aide d'un malaxeur ou d'un fouet, mélanger jusqu'à ce que la préparation commence à blanchir.

Dans un bol, mélanger la farine et la poudre à pâte, puis les ajouter à la première préparation. Ajouter l'huile et le sirop d'érable, et bien mélanger.

Verser l'appareil dans un moule en pyrex carré de 20 cm (8 po) beurré et fariné.

Cuire au four pendant 30 minutes ou jusqu'à ce que la pointe d'un couteau piquée au centre en ressorte propre.

Accompagner de sorbet au citron ou à un autre agrume.

C'est un dessert simple, sur le principe d'un calisson d'Aix.

DESSERTS

LE CLAFOUTIS DE MAMIE

PORTIONS 12 ramequins ou un grand plat
PRÉPARATION 20 minutes
CUISSON 45 minutes

INGRÉDIENTS

1,5 litre (6 tasses) de crème 35 %

1 gousse de vanille

400 g (2 tasses) de sucre

300 g (11 oz) de jaunes d'œufs (environ 15 jaunes)*

125 g (1 tasse) de farine

10 ml (2 c. à thé) de kirsch

400 g (14 oz) de cerises dénoyautées

PRÉPARATION

Dans une casserole à fond épais, tiédir la crème à feu doux.

Couper la vanille en 2 sur la longueur. Gratter la gousse avec la pointe d'un couteau pour en retirer les graines.

Dans un bol, blanchir le sucre avec les jaunes d'œufs et la vanille.

Ajouter en alternance la crème tiède et la farine, puis terminer avec le kirsch.

Beurrer et fariner les ramequins ou le plat de cuisson.

Préchauffer le four à 120 °C (250 °F).

Verser l'appareil dans les ramequins ou le plat de cuisson et parsemer les cerises sur le dessus.

Cuire au four 45 minutes.

Vérifier la cuisson à l'aide d'un couteau.

*Les recettes de pâtisserie étant beaucoup plus précises, il est recommandé de peser les ingrédients avec la balance.

Ma grand-mère était une vraie artiste du dessert. Les produits étaient toujours choisis avec grand soin. L'une des recettes qui me revient le plus souvent en tête lorsque je pense à elle est le clafoutis. Merci, mamie !

GÂTEAUX DES ANGES À LA MENTHE ET À LA GOMME DE SAPIN

PORTIONS 24
PRÉPARATION 25 minutes
CUISSON 40 minutes

INGRÉDIENTS

- 420 g (15 oz) de blancs d'œufs (le blanc d'environ 11 œufs)
- 1 pincée de sel
- 3 g (1½ c. à thé) de crème de tartre
- 200 g (1⅔ tasse) de sucre à glacer
- 150 g (1¼ tasse) de farine
- 30 ml (2 c. à soupe) de crème de menthe blanche
- 7,5 ml (½ c. à soupe) de gomme de sapin
- 375 ml (1½ tasse) de crème pâtissière (p. 176)

PRÉPARATION

Dans le bol d'un malaxeur ou à l'aide d'un batteur à main, monter les blancs avec la pincée de sel et la crème de tartre jusqu'à la formation de pics mous.

Ajouter le sucre graduellement jusqu'à ce que la meringue soit ferme et lustrée.

Dans un bol, tamiser la farine, puis l'incorporer doucement à la meringue en pliant à l'aide d'une spatule.

Ajouter la crème de menthe et la gomme de sapin, et mélanger.

Préchauffer le four à 180 °C (350 °F).

Verser l'appareil dans des mini moules à cheminée à cheminée antiadhésif.

Cuire au four de 35 à 40 minutes.

À la sortie du four, retourner les gâteaux sur une grille pour les faire refroidir, puis les garnir de crème pâtissière.

On peut déguster ces petits gâteaux tout simplement avec une bonne marmelade d'oranges.

SALADE DE FRAISES FUMÉES À L'ÉRABLE ET À LA *PEPPERMINT*

PORTIONS 4
PRÉPARATION 35 minutes
CUISSON —

INGRÉDIENTS

454 g (1 lb) de fraises avec les queues

125 ml (½ tasse) de crème 35 %

9 g (1½ c. à soupe) de sucre à glacer

Essence naturelle comestible de sapin baumier ou bonbon *peppermint* réduit en poudre

60 ml (¼ tasse) de sirop d'érable

1 bonbon à la *peppermint*

Quelques feuilles de menthe

Copeaux de bois

PRÉPARATION

Nettoyer les fraises sous l'eau froide et les assécher délicatement avec du papier absorbant.

Démarrer un fumoir*. Une fois le fumoir complètement rempli de fumée, y placer les fraises 5 minutes.

À la sortie du fumoir, placer les fraises dans un contenant hermétique au moins 30 minutes. La fumée se déposera sur les fraises et le goût sera plus prononcé.

Dans un cul-de-poule, monter la crème avec le sucre, puis la parfumer avec une goutte d'essence naturelle de sapin baumier. Réserver au froid.

Au moment de servir, équeuter les fraises et les couper en 4.

Verser le sirop d'érable sur les fraises et mélanger.

Répartir les fraises dans les bols, puis râper un peu de bonbon à la *peppermint* sur le dessus.

Décorer avec la crème et quelques feuilles de menthe.

*Si vous ne possédez pas de fumoir, procédez selon la technique présentée à la page 32.

PETITS FINANCIERS À LA CARDAMOME ET AU CÈDRE

RENDEMENT 72 minifinanciers
PRÉPARATION 15 minutes
CUISSON 20 minutes

INGRÉDIENTS

35 g (¼ tasse) de farine tout usage

90 g (⅔ tasse) de sucre glace

60 g (⅔ tasse) de poudre d'amande

1,5 ml (¼ de c. à thé) de poudre de cèdre (p. 209)

40 g (3 c. à soupe) de beurre

15 ml (1 c. à soupe) d'huile de noix

1,25 ml (¼ c. à thé) de cardamome verte moulue

65 g (¼ tasse) de blancs d'œufs

PRÉPARATION

Dans un cul-de-poule, tamiser ensemble la farine, le sucre glace, la poudre d'amande et la poudre de cèdre. Réserver.

Dans une petite casserole, chauffer le beurre à feu moyen pour qu'il colore légèrement.

Filtrer le beurre noisette chaud en évitant de mettre le fond avec les particules, puis le mélanger avec l'huile de noix et la cardamome pour infuser.

Réaliser un puits dans le centre des ingrédients secs et y verser les blancs d'œufs en fouettant rapidement pour éviter la formation de grumeaux.

À l'aide du fouet, incorporer le beurre noisette.

Presser une pellicule de plastique sur la surface de l'appareil, puis le laisser refroidir au réfrigérateur.

Une fois le mélange refroidi. Préchauffer le four à 180 °C (350 °F).

Remplir les moules et cuire les minifinanciers au four 17 minutes.

La recette donne 72 minifinanciers, soit 3 plaques en silicone de 24 financiers.

Il est préférable de démouler les minifinanciers une fois qu'ils sont refroidis pour ne pas les briser.

CRÈME BRÛLÉE AU PRALINÉ COMME UN MALAKOFF

PORTIONS 10 à 15
PRÉPARATION 4 h 45
CUISSON 1 h 45

INGRÉDIENTS

NOIX CARAMÉLISÉES

1 blanc d'œuf

100 g (⅔ tasse) de noix concassées

10 g (2 c. à thé) de sucre

3 g (½ c. à thé) de fleur de sel

CRÈME BRÛLÉE

70 g (2 ½ oz) de jaunes d'œufs (environ 3 jaunes)

50 g (¼ tasse) de sucre

250 ml (1 tasse) de crème 35 %

80 g (⅓ tasse) de praliné

GLAÇAGE

250 g (9 oz) de chocolat au lait

100 g (3 ½ oz) de chocolat noir

45 ml (3 c. à soupe) d'huile de noix

25 g (2 c. à soupe) de beurre de cacao

50 g (⅓ tasse) de noix salées

PRÉPARATION

Préparer les noix caramélisées. Préchauffer le four à 160 °C (325 °F).

Dans un bol, mousser le blanc d'œuf.

Déposer le blanc d'œuf sur les noix et bien les enrober. Ajouter le sucre et la fleur de sel.

Égoutter le surplus de blanc d'œuf et étendre les noix sur une plaque à pâtisserie.

Cuire au four de 5 à 7 minutes. Réserver.

Préparer la crème brûlée. Préchauffer le four à 105 °C (220 °F).

Dans un bol, blanchir les œufs avec le sucre.

Dans une casserole, porter la crème et le praliné à ébullition, puis verser tranquillement le mélange chaud sur les œufs tout en fouettant.

Chemiser le fond d'un moule de 30 × 13 cm (12 × 5 po) avec du papier sulfurisé et verser l'appareil dans le moule.

Cuire au four 1 heure si l'appareil est chaud et environ 1 h 30 si l'appareil est froid.

Laisser refroidir à température ambiante, puis mettre au congélateur au minimum 4 heures.

Une fois la crème brûlée durcie, tailler des bandes de 2 cm (¾ po). Réserver les bandes au congélateur. ›››

Préparer le glaçage. Dans un bain-marie, faire fondre les chocolats avec l'huile de noix et le beurre de cacao.

Ajouter les noix et mélanger délicatement. Réserver au chaud pour le glaçage.

Pour le montage. Enfiler chaque barre de crème brûlée congelée sur une brochette de bambou. Procéder rapidement pour éviter que les barres décongèlent.

Tremper les barres dans le glaçage chaud de façon à les recouvrir complètement.

Déposer les Malakoffs sur une plaque à pâtisserie recouverte d'un papier sulfurisé, les saupoudrer de noix caramélisées.

Retirer les bâtonnets de bambou délicatement pour ne pas briser le glaçage et laisser décongeler au réfrigérateur.

Ce dessert a bercé mon enfance. Il était produit par la compagnie Cémoi Confiseur à Perpignan. Pour la petite histoire, lorsque nous passions devant la fabrique située en bordure de la route, les fenêtres de la voiture étaient grandes ouvertes pour pouvoir respirer les effluves cacaotés qui s'échappaient des cheminées de la confiserie.

CARAMEL DE PISSENLITS

PORTIONS 3 pots de 500 ml (2 tasses)
PRÉPARATION 20 minutes
CUISSON 45 minutes

INGRÉDIENTS

1 kg (2 ¼ lb) de fleurs de pissenlit

750 ml (3 tasses) d'eau

½ citron

½ orange

1,5 kg (3 lb) de sucre

PRÉPARATION

Laver les fleurs de pissenlit et retirer les queues.

Dans une grande casserole, porter l'eau à ébullition et ajouter le ½ citron et la ½ orange.

Ajouter les fleurs de pissenlit, porter de nouveau à ébullition et éteindre le feu.

Couvrir et laisser infuser au réfrigérateur une nuit.

Filtrer et presser les fleurs de pissenlit pour en extraire le maximum de liquide.

Dans une casserole, porter le liquide à ébullition en ajoutant le sucre. Diminuer le feu et faire réduire à feu moyen 30 minutes.

Après ce temps, vérifier la cuisson en déposant une cuillère de la préparation dans une assiette froide. La texture doit ressembler à du miel.

Verser le caramel dans les pots et les fermer à chaud.

Laisser refroidir complètement à température ambiante.

Garder au réfrigérateur jusqu'à utilisation.

CARAMEL MOU

RENDEMENT 1 plaque à pâtisserie
PRÉPARATION 3 heures
CUISSON 45 minutes

INGRÉDIENTS

125 ml (½ tasse) de lait

125 ml (½ tasse) de glucose ou sirop de maïs clair

150 g (¾ tasse) de sucre blanc

114 g (¼ lb) de beurre

125 ml (½ tasse) de crème 35 %

5 ml (1 c. à thé) de fleur de sel

PRÉPARATION

Dans une grande casserole à fond épais, mettre le lait, le glucose, le sucre, le beurre et la crème.

Porter à ébullition et brasser régulièrement avec un fouet.

Porter l'appareil à 113 °C (235 °F) très précisément, car la texture du caramel en dépend.

Retirer du feu, ajouter la fleur de sel et verser le caramel sur une plaque à pâtisserie recouverte d'un papier sulfurisé. Laisser refroidir.

Démouler, envelopper de pellicule plastique et ranger au réfrigérateur.

Pour faciliter le démoulage, laisser dépasser le papier sulfurisé de quelques centimètres de chaque côté de la plaque à pâtisserie.

SIROP D'ÉRABLE
PUR PURE
MAPLE SYRUP
Produit du Product of
Canada
540 ml

LE QUÉBEC-MONTRÉAL

PORTIONS 12 à 14
PRÉPARATION 40 minutes
CUISSON 45 minutes

PÂTE À CHOUX

INGRÉDIENTS

200 ml (⅘ tasse) d'eau

60 ml (¼ tasse) de lait

3 g (½ c. à thé) de sel

5 g (1 c. à thé) de sucre

115 g (¼ lb) de beurre

210 g (1 ¾ tasse) de farine

5 œufs

PRÉPARATION

Dans une casserole, verser l'eau, le lait, le sel, le sucre et le beurre, et porter à ébullition.

Hors du feu, ajouter la farine en une seule fois et mélanger à l'aide d'une spatule.

Remettre la casserole sur la cuisinière et continuer à cuire l'appareil à feu doux pour le dessécher, environ 1 minute.

Déposer l'appareil dans le bol d'un malaxeur, et battre à vitesse moyenne pendant 5 minutes.

Ajouter les œufs un à un.

Préchauffer le four à 180 °C (350 °F).

Sur une plaque à pâtisserie, façonner des boudins de 25 cm (9 po) à l'aide d'une poche à pâtisserie et d'une douille ronde. Coller 2 boudins l'un à l'autre.

Cuire au four environ 35 minutes. ›››

CRÈME PÂTISSIÈRE

INGRÉDIENTS

350 ml (1⅜ tasse) de crème 35 %

400 ml (1⅔ tasse) de sirop d'érable

2 jaunes d'œufs

95 ml (⅜ tasse) d'eau

60 g (2 oz) de fécule de maïs

5 g (1 c. à thé) de beurre

3 g (½ c. à thé) de sel

10 g (5 feuilles) de gélatine

PRÉPARATION

Dans une casserole à fond épais, cuire la crème et le sirop d'érable 5 minutes.

Dans un cul-de-poule, mettre les jaunes d'œufs, puis verser le mélange chaud de crème et de sirop sur le dessus. Remettre l'appareil dans la casserole.

Dans un bol, diluer la fécule de maïs dans l'eau, puis verser le mélange dans la casserole.

Porter à ébullition en remuant sans arrêt, puis cuire 1 minute.

Ajouter les feuilles de gélatine au mélange chaud pour les réhydrater, puis les incorporer à la préparation en fouettant.

Verser le mélange dans un plat.

Réserver au réfrigérateur avec une pellicule de plastique collée directement sur la surface de la crème.

CRÈME LÉGÈRE À L'ÉRABLE

INGRÉDIENTS

800 ml (3¼ tasses) de crème pâtissière

750 ml (3 tasses) de crème 35 %

PRÉPARATION

Dans un cul-de-poule, détendre la crème pâtissière froide à l'aide d'un fouet.

Dans un autre cul-de-poule, monter la crème 35 % au fouet, sans trop la serrer, puis l'ajouter à la crème pâtissière.

Placer le mélange dans une poche à pâtisserie et réserver au réfrigérateur.

MIROIR À L'ÉRABLE

INGRÉDIENTS

150 g (5 oz) de chocolat blanc

95 ml (⅜ tasse) de sirop d'érable

PRÉPARATION

Dans une casserole, faire bouillir le sirop d'érable.

Déposer le chocolat dans un bol et verser le sirop d'érable chaud sur le dessus en 2 fois, comme pour une ganache.

Remuer délicatement. Réserver.

CHANTILLY À LA VANILLE

INGRÉDIENTS

½ gousse de vanille

125 ml (½ tasse) de crème 35 %

15 ml (1 c. à soupe) de sucre à glacer

PRÉPARATION

Fendre la demi-gousse de vanille sur la longueur. Gratter la gousse avec la pointe d'un couteau pour en retirer les graines.

Dans un cul-de-poule bien froid, monter la crème en pics mous à l'aide d'un fouet, puis incorporer les graines de vanille et le sucre.

Continuer de fouetter jusqu'à l'obtention d'une texture de chantilly.

LE QUÉBEC-MONTRÉAL

Pour le montage. Tailler la pâte à choux dans le sens de la longueur.

Remplir la partie du fond de crème légère à l'érable.

À l'aide d'une poche à pâtisserie, décorer avec de la crème chantilly vanille.

Glacer la pâte du dessus avec le miroir à l'érable, puis la déposer sur la crème chantilly. Servir.

En hommage au paris-brest, mon dessert préféré.

LE PLAISIR DE PARTAGER

Normalement, un cracheur de feu ne penserait pas un jour signer un texte dans un livre qui porte sur la cuisine. Il faut avouer que c'est le plus près du gril que j'ai été! Je ne suis pas du tout un maître en cuisine. Cependant, j'aime tout ce qui y est lié. Ce sont des mots tout simples dans la demande de Stéphane qui m'ont fait accepter: «Le plaisir de partager». Pour moi, ce plaisir de partager est fondamental. Ces moments, planifiés ou non, ont une grande importance dans ma vie et se déroulent souvent autour d'un repas, que ce soit en présence d'amis, de la famille, de collègues ou même d'étrangers. Avec la nourriture, on peut se rejoindre, et notre vie est cet immense assemblage de tous ces petits moments qui nous enrichissent.

Certaines personnes, comme Stéphane, y dédient leur créativité pour tenter de rendre l'expérience inoubliable. La cuisine est peut-être une création éphémère, mais le plaisir et les souvenirs qu'elle procure ne le sont pas. Je suis persuadé que, grâce à ce livre, Stéphane transmettra son habituelle générosité avec passion, et que vos convives et vous-mêmes en garderez un souvenir impérissable. Bon partage!

— GUY LALIBERTÉ

Obey

JOE BEEF

LES BASES, LES SAUCES ET LES CONDIMENTS

BEURRE DE LIVÈCHE AU CITRON VERT

PORTIONS 4
PRÉPARATION 5 minutes
RÉFRIGÉRATION 1 heure
CUISSON —

INGRÉDIENTS

225 g (1 tasse) de beurre non salé à température pièce

1 échalote française, ciselée finement

15 ml (1 c. à soupe) de livèche hachée

15 ml (1 c. à soupe) de poivre de Sichuan, concassé grossièrement

15 ml (1 c. à soupe) de fleur de sel

Le zeste et le jus de 1 citron vert

PRÉPARATION

Dans un bol, mélanger tous les ingrédients.

Placer le beurre sur une pellicule de plastique et rouler pour former un boudin.

Ranger le boudin de beurre au réfrigérateur 1 heure.

Au moment de servir, couper des rondelles de beurre froid et les placer sur une viande chaude.

JUS DE MORUE

RENDEMENT 2 litres (8 tasses)
PRÉPARATION 30 minutes
CUISSON 1 heure

INGRÉDIENTS

30 ml (2 c. à soupe) d'huile d'olive

12 g (1 c. à soupe) de beurre

2 kg (4 ½ lb) d'arêtes de morue (ou de poisson blanc, comme du flétan), concassées en gros morceaux

2 oignons moyens, ciselés

3 gousses d'ail, écrasées

1 branche de céleri, coupée grossièrement

1 branche de thym frais

125 ml (½ tasse) de vin blanc

5 litres (20 tasses) d'eau

PRÉPARATION

Dans une grosse casserole de fonte émaillée, faire chauffer l'huile, puis ajouter le beurre.

Mettre les arêtes dans la casserole chaude et les faire colorer en remuant.

Ajouter l'oignon, l'ail, le céleri et le thym, et faire colorer 5 minutes.

Déglacer avec le vin blanc et laisser réduire presque à sec.

Ajouter l'eau et porter à ébullition.

Baisser le feu et cuire à frémissements 45 minutes.

Passer le jus au chinois, puis le verser dans une autre casserole. Laisser réduire jusqu'à l'obtention d'une texture de sauce onctueuse. Réserver jusqu'au moment de servir.

Cette recette peut aussi être utilisée comme fumet de poisson en supprimant la dernière étape.

FOND BRUN DE VOLAILLE

RENDEMENT 3 litres (12 tasses)
PRÉPARATION 10 minutes
CUISSON 6 h 40

INGRÉDIENTS

3 kg (6 ½ lb) d'os de volaille

1 carotte, coupée grossièrement

1 gros oignon jaune, coupé en 4

2 branches de céleri, coupées grossièrement

1 branche de thym

1 feuille de laurier

3 gousses d'ail, écrasées

4 litres (16 tasses) d'eau

PRÉPARATION

Préchauffer le four à 200 °C (400 °F).

Placer les os de volaille sur une plaque de cuisson et les faire colorer au four environ 40 minutes ou jusqu'à ce qu'ils soient d'une belle couleur brune.

Dans une grande casserole, mettre les os colorés avec le reste des ingrédients.

Laisser mijoter 6 heures à feu doux.

Filtrer et réserver au réfrigérateur.

BASES, SAUCES ET CONDIMENTS

HERBES SALÉES DU CAP DIAMANT

RENDEMENT 3 pots de 500 ml (2 tasses)
PRÉPARATION 25 minutes
CUISSON —

INGRÉDIENTS

500 ml (2 tasses) de persil haché

250 ml (1 tasse) de ciboulette ciselée

125 ml (½ tasse) d'origan frais haché

125 ml (½ tasse) de livèche hachée ou de céleri haché

125 ml (½ tasse) de cresson haché

125 ml (½ tasse) de vert de poireau haché finement

125 ml (½ tasse) de panais râpé finement

5 ml (1 c. à thé) de poudre de cèdre (p. 209)

250 ml (1 tasse) de gros sel de mer

PRÉPARATION

Mettre les herbes et les légumes dans un grand saladier.

Ajouter le sel et bien mélanger pour rendre la préparation homogène.

Verser dans la préparation dans les pots Mason et refermer.

Conserver les pots au réfrigérateur. Attendre au moins 15 jours avant d'utiliser.

Parfaites pour parfumer et assaisonner les soupes, les purées et les mijotés de viande.

MADE IN CANADA
PERFECT SEAL

2 Cup
1½
1 Cup
½

GELÉE DE BOURGEONS DE SAPIN

RENDEMENT 9 pots de 250 ml (1 tasse)
PRÉPARATION 10 minutes
CUISSON 35 minutes

INGRÉDIENTS

300 g (10 ½ oz) de bourgeons de sapin

2 litres (8 tasses) d'eau

600 g (3 tasses) de sucre blanc

Le zeste de ½ lime

10 g (5 c. à thé) d'agar-agar

PRÉPARATION

Après la récolte, laver les bourgeons de sapin à l'eau froide.

Dans une casserole à fond épais, mettre les bourgeons de sapin, l'eau, le sucre et le zeste de lime.

Porter à ébullition, puis réduire le feu et laisser frémir 30 minutes.

Couvrir et laisser refroidir.

Une fois le mélange refroidi, le placer au réfrigérateur une nuit ou au minimum 8 heures.

Le lendemain, filtrer le mélange et verser le liquide dans une casserole.

Porter le liquide à ébullition, ajouter l'agar-agar et cuire environ 5 minutes.

Stériliser les pots, puis les remplir avec la gelée.

Les laisser refroidir à l'envers, puis les mettre au réfrigérateur.

On peut servir cette gelée comme accompagnement des gâteaux des anges à la menthe et à la gomme de sapin (p. 164) ou simplement sur une crème glacée nature pour lui donner un goût de sous-bois.

PESTO DE LAITUE

RENDEMENT 500 ml (2 tasses)
PRÉPARATION 15 minutes
CUISSON 2 minutes

INGRÉDIENTS

1 laitue frisée

60 ml (¼ tasse) de graines de citrouille

100 ml (⅜ tasse) d'huile d'olive

Sel

PRÉPARATION

À l'aide d'un couteau, séparer les feuilles de laitue et enlever la partie blanche plus croquante.

Dans une grande casserole d'eau bouillante salée, blanchir les feuilles de laitue 2 minutes.

Retirer les feuilles de laitue de la casserole et les refroidir aussitôt dans un récipient d'eau glacée pour arrêter la cuisson.

Essorer et presser la laitue pour en extraire le maximum d'eau.

Dans le bol du mélangeur, mixer la laitue avec les graines de citrouille à vitesse maximale jusqu'à l'obtention d'une purée lisse et homogène.

Ajouter l'huile d'olive et mixer de nouveau pour émulsionner.

Passer au tamis et rectifier l'assaisonnement.

MARINADES DE LÉGUMES

RENDEMENT 4 pots de 500 ml (2 tasses)
PRÉPARATION 30 minutes
CUISSON 20 minutes (variable selon les légumes)

INGRÉDIENTS

MARINADE

250 ml (1 tasse) de vinaigre blanc à marinades

250 ml (1 tasse) de sucre

250 ml (1 tasse) d'eau

5 ml (1 c. à thé) de sel

2,5 ml (½ c. à thé) de coriandre en grains

LÉGUMES

2 bottes de minicarottes

Sel

PRÉPARATION

Préparer la marinade. Dans une casserole en acier inoxydable, mettre tous les ingrédients de la marinade et porter à ébullition.

Laisser bouillir pour dissoudre le sucre, puis arrêter la cuisson.

Couvrir la casserole et réserver. Reporter à ébullition au moment de l'utilisation.

Préparer les pots pour la mise en conserve en les réchauffant dans l'eau chaude.

Préparer les légumes. Nettoyer et éplucher les carottes. Couper les fanes.

Dans une grande casserole d'eau bouillante salée, cuire les carottes environ 10 minutes selon la grosseur.

Retirer les carottes de la casserole et les placer délicatement dans les pots. Serrer les carottes sans les écraser.

Verser les marinades aussitôt pour remplir les pots, et mettre les couvercles.

Conserver au réfrigérateur.

Préparer les conserves en saison selon les arrivages des légumes. Ils sont alors plus savoureux et cela permet de prolonger la saison estivale ! J'utilise les minicarottes dans cette recette, mais il est possible de mariner de petits navets, des betteraves, etc. Les champignons se prêtent bien aussi à ce genre de marinades. Il faut toutefois les blanchir pour les conserver plus longtemps.

Les légumes en conserve accompagnent à merveille les salades et les charcuteries.

Pour redonner vie aux légumes au moment de les servir, ajouter des herbes fraîches comme de l'estragon, de la ciboulette et du persil. Ajouter un trait d'huile d'olive, et ils deviendront en eux-mêmes une salade.

CONCOMBRES MARINÉS

RENDEMENT 8 pots de 500 ml (2 tasses)
MACÉRATION 1 nuit
PRÉPARATION 10 minutes
CUISSON 15 minutes

INGRÉDIENTS

2 kg (4 ½ lb) de concombres, tranchés finement

1 poivron vert, épépiné et coupé en dés

2 oignons jaunes, émincés finement

45 g (2 ½ c. à soupe) de gros sel

MARINADE

500 ml (2 tasses) de vinaigre blanc à marinades

400 g (2 tasses) de sucre

30 ml (2 c. à soupe) de graines de moutarde

5 ml (1 c. à thé) de graines de coriandre

5 ml (1 c. à thé) de curcuma moulu

1 feuille de laurier

250 ml (1 tasse) d'eau

PRÉPARATION

Dans un grand bol, mélanger les concombres, le poivron, les oignons et le gros sel.

Verser le mélange dans une passoire, placer la passoire dans un grand bol et recouvrir d'une pellicule plastique.

Placer le bol au réfrigérateur et laisser le mélange s'égoutter une nuit.

Le lendemain, préparer la marinade. Dans une grande casserole, verser le vinaigre, le sucre, les épices et l'eau, et porter à ébullition.

Pendant ce temps, rincer rapidement l'appareil de légumes sous l'eau froide et bien l'égoutter.

Ajouter l'appareil de légumes à la marinade et porter de nouveau à ébullition. Cuire 15 minutes à feu doux.

Verser les concombres marinés dans des pots Mason et fermer.

Conserver les pots au réfrigérateur.

TRÉVISE EN PICKLES

RENDEMENT 2 pots de 500 ml (2 tasses)
PRÉPARATION 1 heure
CUISSON 5 minutes

INGRÉDIENTS

125 ml (½ tasse) d'eau

60 ml (¼ de tasse) de sucre

2 clous de girofle

5 ml (1 c. à thé) de sel

250 ml (1 tasse) de vinaigre blanc, froid

2 kg (4 ½ lb) de trévise (radicchio)

PRÉPARATION

Dans une casserole moyenne, mettre l'eau, le sucre, les clous de girofle et le sel.

Porter à ébullition et retirer du feu. Ajouter le vinaigre froid pour refroidir le mélange plus rapidement.

Effeuiller la trévise dans un grand saladier, puis la rincer à l'eau froide.

Dans une casserole d'eau bouillante salée, blanchir les feuilles de trévise quelques secondes, puis les refroidir dans un récipient d'eau glacée.

Verser le liquide vinaigré dans un contenant hermétique.

Bien égoutter les feuilles de trévise, puis les plonger dans le liquide vinaigré.

Fermer le contenant, puis le conserver au réfrigérateur. Attendre idéalement au moins une journée avant de déguster.

Cette trévise en pickles accompagne magnifiquement les làngos farcis (p. 30), mais aussi les viandes grillées, les charcuteries et les fromages. Bref, c'est délicieux avec tout !

CONFITURE DE TOMATES ROUGES

RENDEMENT 500 ml (2 tasses)
PRÉPARATION 15 minutes
CUISSON 45 minutes

INGRÉDIENTS

800 g (1¾ lb) de tomates rouges mondées, épépinées et coupées en dés

10 ml (2 c. à thé) de concentré de tomates

400 g (2 tasses) de sucre blanc

200 ml (4/5 tasse) d'eau

Le jus de 1 citron

PRÉPARATION

Dans une casserole à fond épais, faire fondre le sucre avec l'eau.

Ajouter les tomates et le concentré de tomates et faire réduire le mélange de moitié, à feu doux. Remuer fréquemment pour éviter que la préparation colle au fond.

Ajouter le jus de citron et poursuivre la cuisson quelques minutes.

Verser dans un contenant hermétique et conserver au réfrigérateur.

Pour un goût plus prononcé, ajouter une touche de votre piment préféré.

Délicieux pour accompagner les pattes de pieuvre grillée.

AÏOLI À L'AIL NOIR

RENDEMENT 250 ml (1 tasse)
PRÉPARATION 15 minutes
CUISSON —

INGRÉDIENTS

1 jaune d'œuf

15 ml (1 c. à soupe) de moutarde de Dijon

15 ml (1 c. à soupe) de jus de citron

250 ml (1 tasse) d'huile végétale

3 gousses d'ail noir

50 g (2 c. à soupe) de pulpe de pomme de terre*

Sel

PRÉPARATION

Dans un bol, mélanger le jaune d'œuf, la moutarde et le jus de citron.

Incorporer l'huile doucement en filet, en fouettant énergiquement pour monter la mayonnaise.

Dans un autre petit bol, réduire en purée les gousses d'ail et la pulpe de pomme de terre.

Incorporer la purée à la mayonnaise et rectifier l'assaisonnement. Réserver.

*Pour la pulpe de pomme de terre, cuire une pomme de terre au four pendant une heure à 180 °C (350 °F), puis prélever la chair. Laisser refroidir.

MAYONNAISE ÉPICÉE

RENDEMENT 250 (1 tasse)
PRÉPARATION 15 minutes
CUISSON —

INGRÉDIENTS

1 jaune d'œuf

2,5 ml (½ c. à thé) de moutarde de Dijon

15 ml (1 c. à soupe) de jus de citron

250 ml (1 tasse) d'huile végétale

1,25 ml (¼ c. à thé) de sel fin

7,5 ml (½ c. à soupe) de piment coréen (gotchukaru) ou autre piment moyennement fort

PRÉPARATION

Dans un bol, mettre le jaune d'œuf, la moutarde de Dijon et le jus de citron.

À l'aide d'un fouet, mélanger les ingrédients vigoureusement, puis, en fouettant continuellement, incorporer l'huile doucement en filet pour émulsionner.

Assaisonner avec le sel et le piment coréen.

Au besoin, détendre la mayonnaise avec quelques gouttes d'eau si la texture semble trop dense.

Réserver au froid.

MAYONNAISE À LA CANNELLE ET À L'ÉRABLE

RENDEMENT 125 (½ tasse)
PRÉPARATION 5 minutes
CUISSON —

INGRÉDIENTS

125 ml (½ tasse) de mayonnaise

45 ml (3 c. à soupe) de sirop d'érable

2,5 ml (½ c. à thé) de cannelle en poudre

PRÉPARATION

Dans un bol, mélanger tous les ingrédients de la mayonnaise.

Réserver au froid.

COSSETARDE DE CORAIL D'OURSIN

RENDEMENT 750 ml (3 tasses)
PRÉPARATION 30 minutes
CUISSON 45 minutes

INGRÉDIENTS

325 ml (1½ tasse) de crème 35%, tiède

75 g (2 ½ oz) de corail d'oursin

5 œufs

30 ml (2 c. à soupe) de jus de citron

1,25 ml (¼ c. à thé) de piment d'Espelette

Sel

PRÉPARATION

Préchauffer le four à 150 °C (300 °F).

Dans le bol du mélangeur, verser la crème, le corail, les œufs, le jus de citron et le piment d'Espelette.

Mixer à puissance maximale jusqu'à l'obtention d'une préparation lisse, environ 10 secondes.

Passer au tamis, puis verser la préparation dans un contenant de verre ou de terre cuite. Recouvrir de papier d'aluminium.

Préparer un bain-marie. Déposer le contenant de crème de corail d'oursin dans une lèchefrite. Verser de l'eau chaude dans la lèchefrite jusqu'aux trois quarts de la hauteur du contenant. Cuire au four, au bain-marie, environ 45 minutes.

Retirer le contenant du bain-marie et le laisser refroidir au réfrigérateur.

Quand la cossetarde est bien froide, la mixer au mélangeur, puis la passer au tamis à l'aide d'une spatule. Recouvrir de pellicule plastique et réserver au réfrigérateur.

BÉARNAISE AU SIPHON

RENDEMENT 500 ml (2 tasses)
PRÉPARATION 15 minutes
CUISSON 15 minutes

INGRÉDIENTS

11 jaunes d'œufs

125 ml (½ tasse) d'eau

310 g (⅔ lb) de beurre

45 ml (3 c. à soupe) de vinaigre balsamique blanc

5 ml (1 c. à thé) de sel

15 ml (1 c. à soupe) d'estragon effeuillé

5 ml (1 c. à thé) de poivre en grains

PRÉPARATION

Placer tous les ingrédients dans un sac refermable ou dans un sac pour la cuisson sous vide.

Retirer l'air du sac et le plonger dans un bain d'eau à 64 °C (147 °F) pendant 15 minutes.

Verser le contenu du sac encore chaud dans le bol du mélangeur et mixer pour émulsionner le tout.

Passer la préparation au chinois fin pour retirer les grumeaux, puis la verser dans un siphon à chantilly.

Charger des cartouches de gaz, puis remettre dans le bain-marie.

Pour ceux qui ne possèdent pas d'appareil pour la cuisson sous vide, il est possible de réaliser cette recette en utilisant un sac refermable et en remplaçant le thermocirculateur par une casserole d'eau maintenue à 70 °C (158 °F) tout au long de la cuisson.

Idéal pour les grillades de poisson et de viande.

TREMPETTE SOUBISE

RENDEMENT 250 ml (1 tasse)
PRÉPARATION 20 minutes
CUISSON 10 minutes

INGRÉDIENTS

2 oignons, émincés finement

25 g (2 c. à soupe) de beurre

1 pincée de muscade

250 ml (1 tasse) de crème sure

Sel

PRÉPARATION

Dans une casserole, faire suer les oignons avec le beurre 10 minutes à feu doux sans coloration.

Ajouter la muscade.

Laisser tempérer les oignons.

Verser la crème sure dans le bol du mélangeur ou du robot culinaire et ajouter les oignons. Mixer jusqu'à l'obtention d'une préparation homogène.

Rectifier l'assaisonnement et passer au tamis. Réserver au froid.

CRÈME DE ROQUETTE

PORTIONS 500 ml (2 tasses)
PRÉPARATION 10 minutes
CUISSON —

INGRÉDIENTS

2 litres (8 tasses) de feuilles de roquette

100 ml (3/8 tasse) d'huile d'olive

Sel et poivre

PRÉPARATION

Plonger les feuilles de roquette quelques secondes dans une casserole d'eau bouillante salée pour les blanchir.

Retirer la roquette de la casserole et la refroidir aussitôt dans un bain d'eau glacée pour arrêter la cuisson. Réserver un peu d'eau de cuisson.

Égoutter la roquette et la presser pour en extraire le maximum d'eau.

Déposer la roquette dans le bol du mélangeur et mixer à puissance maximale jusqu'à l'obtention d'une purée lisse. Au besoin, ajouter 15 ml (1 c. à soupe) d'eau de cuisson pour faciliter l'opération.

Ajouter l'huile d'olive et mixer de nouveau pour émulsionner.

Passer au tamis et rectifier l'assaisonnement.

TZATZIKI DE TOMATES VERTES

RENDEMENT 875 ml (3 ½ tasses)
PRÉPARATION 25 minutes
CUISSON —

INGRÉDIENTS

- 454 g (1 lb) de tomates vertes (non mûres)
- 60 ml (¼ tasse) de gros sel
- 250 ml (1 tasse) de yaourt nature de style grec
- 30 ml (2 c. à soupe) de coriandre hachée
- 2 échalotes, ciselées
- 15 ml (1 c. à soupe) de ciboulette ciselée
- 15 ml (1 c. à soupe) de menthe ciselée
- 2,5 ml (½ c. à thé) de poudre de cèdre (p. 209)

PRÉPARATION

Couper les tomates en 2 horizontalement, les épépiner et les tailler en dés de grosseur uniforme.

Dans un saladier, mettre les dés de tomate, ajouter le sel et mélanger.

Verser le mélange dans une passoire à gros trous et laisser dégorger 10 minutes.

Rincer les tomates sous l'eau, puis les laisser égoutter complètement.

Dans un autre saladier, mettre tous les autres ingrédients, puis ajouter les dés de tomate.

Mélanger et réserver au réfrigérateur.

Au moment de servir, mélanger de nouveau, puis rectifier l'assaisonnement.

Il est important de bien respecter la dernière étape et de rectifier l'assaisonnement au moment de servir seulement. Les tomates étant salées, il faut prendre garde à la quantité de sel ajoutée.

TAHINI VERT ET FRAIS

RENDEMENT 375 ml (1½ tasse)
PRÉPARATION 10 minutes
CUISSON —

INGRÉDIENTS

- 250 ml (1 tasse) d'eau
- 30 ml (2 c. à soupe) d'huile d'olive
- 250 ml (1 tasse) de graines de sésame non rôties
- 1 bouquet de persil
- 2 gousses d'ail, dégermées
- Le jus de 1 citron
- Sel, au goût

PRÉPARATION

Dans une casserole, porter l'eau à ébullition avec l'huile d'olive.

Retirer du feu, ajouter les graines de sésame, couvrir et laisser gonfler 10 minutes.

Effeuiller le persil, rincer les feuilles et réserver.

Dans le bol d'un robot culinaire, placer dans l'ordre les gousses d'ail, le persil, le jus de citron et tout le contenu encore chaud de la casserole.

Mixer jusqu'à l'obtention d'un mélange homogène. Rectifier l'assaisonnement.

Verser dans un bol et réserver en pressant une pellicule plastique sur la surface de la préparation.

Un excellent accompagnement pour les grillades, les viandes ou les poissons.

poudre
de Cèdre

POUDRE DE CÈDRE

RENDEMENT —
PRÉPARATION 10 minutes
CUISSON 15 minutes

INGRÉDIENTS

Pousses de cèdre sans le bois brun (cueillies entre avril et août)

PRÉPARATION

Préchauffer le four à 100 °C (212 °F).

Dans une grande casserole d'eau bouillante, mettre les pousses de cèdre 2 minutes pour les blanchir.

Plonger les pousses dans un récipient d'eau glacée pour arrêter la cuisson.

Égoutter les pousses de cèdre et les assécher avec du papier absorbant.

Déposer les pousses sur une plaque à pâtisserie et mettre au four 15 minutes.

Retirer du four et laisser sécher à température ambiante.

À l'aide d'un moulin à café, réduire les pousses de cèdre en poudre très fine.

Verser dans un contenant hermétique et conserver au congélateur.

FLEUR DE SEL PARFUMÉE

RENDEMENT —
PRÉPARATION 2 minutes
CUISSON —

INGRÉDIENTS

30 ml (2 c. à soupe) de fleur de sel

5 ml (1 c. à thé) d'épices en poudre au choix (paprika fumé, baies de genièvre)

PRÉPARATION

Réduire en poudre fine l'épice choisie à l'aide d'un moulin à café.

Passer au tamis pour avoir une poudre très fine.

Dans un petit bol, mélanger l'épice et la fleur de sel.

Il s'agit vraiment d'une astuce si on veut rehausser un plat. Une fleur de sel parfumée aux baies de genièvre ou au cèdre donnera une petite touche à un rôti de cerf, au même titre qu'un sel aromatisé au paprika fumé rehaussera une simple brochette de crevettes.

MOUTARDE À L'ÉRABLE

PORTION 60 ml (¼ tasse)
PRÉPARATION 15 minutes
CUISSON —

INGRÉDIENTS

60 ml (¼ tasse) de moutarde de Dijon

15 ml (1 c. à soupe) de moutarde à l'ancienne

30 ml (2 c. à soupe) de sirop d'érable foncé

PRÉPARATION

Dans un bol, déposer tous les ingrédients et fouetter énergiquement jusqu'à l'obtention d'une préparation homogène.

Verser dans un contenant hermétique et conserver au réfrigérateur.

VINAIGRETTE DE GRAINES D'AMARANTE

RENDEMENT 250 ml (1 tasse)
PRÉPARATION 30 minutes
CUISSON 20 minutes

INGRÉDIENTS

125 ml (½ tasse) de graines d'amarante

125 ml (½ tasse) d'huile de pépins de raisin

2 échalotes françaises, ciselées finement

1 gousse d'ail, réduite en purée

15 ml (1 c. à soupe) de vinaigre de cidre

15 ml (1 c. à soupe) d'huile de graines de citrouille

30 ml (2 c. à soupe) de ciboulette ciselée

Sel et poivre

PRÉPARATION

Dans une casserole d'eau bouillante salée, cuire les graines d'amarante 20 minutes. Laisser refroidir, puis égoutter. Réserver.

Dans une poêle, faire colorer légèrement les échalotes et l'ail dans 15 ml (1 c. à soupe) d'huile de pépins de raisin.

Déglacer avec le vinaigre de cidre et assaisonner avec le sel et le poivre. Verser dans un contenant haut hermétique.

Verser les huiles dans le contenant et ajouter la ciboulette.

Fermer le contenant et émulsionner en procédant comme avec un shaker.

Conserver au réfrigérateur.

LES

COCKTAILS

GIN & TONIC QUÉBÉCOIS

PAR PATRICE PLANTE, MIXOLOGUE

PORTION 1
PRÉPARATION 5 minutes

INGRÉDIENTS

45 ml (1,5 oz) de gin

30 ml (1 oz) de sirop de tonic québécois

60 ml (2 oz) d'eau pétillante

Quelques baies d'argousier congelées

PRÉPARATION

Remplir de glace une coupe de vin, puis ajouter le gin et le sirop.

Mélanger à la cuillère de bar (10 révolutions).

Ajouter l'eau pétillante.

Décorer de baies d'argousier congelées.

UN PEU D'HISTOIRE DE MONSIEUR COCKTAIL

Parfois, on ne se rend pas compte que la plus belle richesse d'un terroir, c'est un visage. Une histoire. C'est à Saint-Ferréol-les-Neiges que Léandre cultive l'argousier, lui qui a abandonné sa carrière afin de faire un retour à la terre. Le fruit qu'il a choisi, acide, aigre et à la couleur orange vif, me fascine depuis plusieurs années. L'argousier est de plus en plus utilisé dans la cuisine boréale, et son acidité possède un intérêt marqué en mixologie, car il remplace les agrumes qui viennent de si loin.

À la maison, j'ai fait quelques expérimentations… Le goût de l'argousier est franc, mordant comme notre hiver et comme… les botaniques d'un gin. En fouillant dans ma cuisine, je suis tombé sur un sac rempli de thé du Labrador que je cueille chaque année dans Charlevoix. Et comme tout processus créatif naît souvent du hasard, une idée m'a enivré : et si l'amertume florale du thé du Labrador, mariée à l'acidité vive de l'argousier, devenait la pierre angulaire d'un sirop de tonic, froid, piquant et sauvage comme notre nord québécois ?

Après plusieurs mois à affiner mes techniques de macération et d'infusion, et à comprendre l'importance pour la santé d'utiliser une quinine en racine plutôt qu'en poudre, un goût unique est né : enrobant, l'argousier rehausse les botaniques du gin, et la finale florale et amère du thé vous rappelle chaque fois que votre gin-tonic n'est plus du tout anglais. Chaque gorgée est enracinée dans le Québec.

Comment un tonic peut-il être québécois ? Par l'association de souvenirs qui apporte tout son sens à des ingrédients qui ont été récoltés ou produits par des gens d'ici.

— PATRICE PLANTE, MIXOLOGUE

COCKTAIL
TONIC QUÉBÉCOIS

SCOTCH *FAT WASHÉ* AU BEURRE NOISETTE

PAR JEAN-FÉLIX DESFOSSÉS, MIXOLOGUE

RENDEMENT 750 ml (3 tasses)
TEMPS D'INFUSION 12 heures
CONGÉLATION 12 heures
PRÉPARATION 20 minutes
CUISSON 8 minutes

INGRÉDIENTS

750 ml (3 tasses) de scotch Cutty Sark Prohibition Edition

250 g (1 tasse) de beurre non salé

PRÉPARATION

Dans une casserole à fond épais, faire fondre et cuire le beurre jusqu'à l'obtention d'une légère coloration noisette en prenant soin de ne pas brûler le dépôt au fond de la casserole.

Verser le scotch dans un pot Mason refermable.

Filtrer le beurre à l'aide d'un tamis pour éliminer les dépôts au fond de la casserole et verser le beurre chaud sur le scotch.

Bien fermer le pot et remuer énergiquement pour incorporer l'alcool et le beurre.

Laisser infuser à température ambiante 12 heures, puis mettre au congélateur 12 heures.

Une fois le gras bien solidifié, le retirer et le conserver*. Passer ensuite le liquide au filtre à café pour en extraire tous les dépôts de gras indésirables.

Embouteiller le liquide et déguster quand bon vous semble.

*On peut se servir du gras pour confectionner des purées, par exemple de la purée de courge d'hiver (p. 137). Ce sera magique !

LE JARDIN MARITIME

PAR JEAN-FÉLIX DESFOSSÉS, MIXOLOGUE

PORTION 1
PRÉPARATION 10 minutes

INGRÉDIENTS

45 ml (1½ oz) de gin St. Laurent

5 ml (1 c. à thé) de Suze

22,5 ml (¾ oz) de sirop de carottes cuites (voir p. 223)

22,5 ml (¾ oz) de jus de citron frais

22,5 ml (¾ oz) de blanc d'œuf

Glace en quantité suffisante

1 trait de crème de violette ou d'eau de violette

Bouquet de feuilles de céleri

PRÉPARATION

Mettre le gin, la Suze, le sirop de carottes, le jus de citron et le blanc d'œuf dans un verre à mélanger.

Agiter le mélange sans glace pendant une dizaine de secondes pour émulsionner le blanc d'œuf.

Remplir le verre à mélanger de glace et agiter vigoureusement de 15 à 20 secondes jusqu'à ce que la boisson soit bien froide.

Filtrer dans un verre à whisky rempli de glace.

Ajouter un trait de crème ou d'eau de violette et garnir du bouquet de céleri.

LE VIEUX COUDRIER

PAR JEAN-FÉLIX DESFOSSÉS, MIXOLOGUE

PORTION 1
PRÉPARATION 10 minutes

INGRÉDIENTS

15 ml (1 c. à soupe) de beurre non salé

1 feuille de sauge

60 ml (2 oz) de Cutty Sark Prohibition Edition *fat washé* au beurre noisette (p. 220)

10 ml (2 c. à thé) de sirop de sucre caramélisé infusé au piment chipotle (p. 223)

3 traits d'amer au chocolat et chili

Glace en quantité suffisante

PRÉPARATION

Dans une poêle, faire fondre le beurre jusqu'à ce qu'il prenne une légère coloration noisette, puis y passer la feuille de sauge pour la caraméliser. Réserver.

Mettre le scotch, le sirop de sucre et l'amer chocolat et chili dans un verre à mélanger.

Remplir le verre de glace et remuer à la cuillère environ 30 secondes ou jusqu'à ce que la boisson soit bien froide.

Filtrer dans un verre rempli de glace.

Garnir d'une feuille de sauge grillée.

SIROP DE CAROTTES CUITES

RENDEMENT 250 ml (1 tasse)
PRÉPARATION 15 minutes
CUISSON 10 minutes

INGRÉDIENTS

200 g (7 oz) de carottes, coupées en tranches fines

375 ml (1½ tasse) d'eau

60 ml (¼ tasse) de sucre

2 g (1 c. à thé) de bois de réglisse

PRÉPARATION

Dans une casserole, mettre les carottes et l'eau. Porter à ébullition, puis faire réduire de moitié à feu doux.

Dans un récipient, filtrer l'eau à l'aide d'un tamis, puis réserver les carottes.

Ajouter le sucre et le bois de réglisse à l'eau de cuisson et remuer jusqu'à dissolution complète du sucre. Laisser infuser 10 minutes, puis retirer le bois de réglisse.

Dans le bol du robot culinaire ou à l'aide d'un mélangeur à main, réduire l'eau et les carottes en purée.

Filtrer le mélange à l'étamine en exerçant une pression pour extraire le maximum de liquide, mais en prenant garde de ne pas laisser passer de pulpe de carotte.

Au besoin, filtrer la préparation de nouveau dans un tamis muni d'un filtre à café pour obtenir un sirop plus lisse.

Conserver au réfrigérateur dans un contenant hermétique pour un usage ultérieur.

SIROP CARAMÉLISÉ AU PIMENT CHIPOTLE

RENDEMENT 375 ml (1½ tasse)
PRÉPARATION 15 minutes
CUISSON 20 minutes

INGRÉDIENTS

250 ml (1 tasse) d'eau

2,5 ml (½ c. à thé) de piment chipotle

100 g (½ tasse) de sucre

90 g (½ tasse) de cassonade

PRÉPARATION

Dans une casserole, verser 125 ml (½ tasse) d'eau et réserver au chaud sur la cuisinière.

Dans une autre casserole, verser le reste d'eau, le piment, le sucre et la cassonade, et porter à ébullition.

Dissoudre le sucre et la cassonade complètement et réduire à feu doux. Cuire à légers frémissements en pliant le liquide fréquemment, environ 20 minutes ou jusqu'à l'obtention d'une texture de caramel d'une couleur ambrée foncée.

Une fois la couleur et la texture obtenues, ajouter graduellement les 125 ml (½ tasse) d'eau réservée. Retirer du feu et laisser tempérer.

Filtrer au tamis et verser dans un contenant hermétique. Se garde jusqu'à 3 semaines au réfrigérateur.

LE SAM SONIC

PAR NADER CHABAANE, CHEF BARMAN

PORTION 1
CONGÉLATION 1 nuit (glaçons)
PRÉPARATION 5 minutes

INGRÉDIENTS

GLAÇONS

125 ml (½ tasse) de Tonic Le Sam (ou autre tonic québécois artisanal)

250 ml (1 tasse) d'eau plate

SAM SONIC

60 ml (2 oz) de London Dry Gin

150 ml (5 oz) de soda

5 glaçons de Tonic Le Sam

1 tranche de lime

1 zeste de pamplemousse

PRÉPARATION

Préparer les glaçons. Mélanger le Tonic Le Sam et l'eau. Verser le liquide dans un bac à glaçons et congeler une nuit.

Le lendemain, déposer 5 glaçons dans un verre, puis verser la moitié du soda.

Verser le gin, puis la tranche de lime.

Plier le zeste de pamplemousse au-dessus du verre pour exprimer les arômes.

Ajouter le reste du soda et mélanger légèrement.

Déguster sans paille et avec beaucoup de plaisir.

Ce cocktail particulier est l'un de mes cocktails favoris. Il est accessible à tout le monde, mais permettra surtout aux novices d'apprécier le gin-tonic.

SAM

LE LAGAN-TONIC

PAR JEAN-FÉLIX DESFOSSÉS, MIXOLOGUE

PORTION 1
PRÉPARATION 10 minutes

INGRÉDIENTS

45 ml (1 ½ oz) d'aquavit infusé aux olives Kalamata*

22,5 ml (¾ oz) de Tonic Le Sam (ou autre tonic artisanal québécois)

7,5 ml (¼ oz) Lillet blanc

3 traits d'amer au citron de Marrakech de Bittered Sling

125 ml (4 oz) de soda

Feuillage de fenouil

Zeste d'orange

Tranches de lime

Olives Kalamata

PRÉPARATION

Mettre tous les ingrédients dans un grand ballon à vin rouge rempli de glace.

Décorer avec un bouquet de feuillage de fenouil, un zeste d'orange, 3 tranches de lime et 2 olives Kalamata.

Servir avec une paille.

*AQUAVIT INFUSÉ AUX OLIVES KALAMATA

RENDEMENT 750 ml (3 tasses)
TEMPS D'INFUSION 1 journée
PRÉPARATION 5 minutes

INGRÉDIENTS

750 ml (3 tasses) d'aquavit

20 olives Kalamata dénoyautées

PRÉPARATION

Dans un pot Mason ou tout autre contenant hermétique, verser l'aquavit et les olives.

Laisser infuser 24 heures au réfrigérateur.

Filtrer au tamis, puis, une fois les olives retirées, filtrer de nouveau dans un tamis muni d'un filtre à café pour éliminer tous les dépôts.

Verser dans une bouteille hermétique.

INDEX DES RECETTES PAR SECTIONS

LES BOUCHÉES ET LES ENTRÉES

Terrine de mon grand-père Louis – 17
Croquettes de boudin noir – 18
Mousse de foie gras – 19
Œufs au vinaigre de betterave rouge – 20
Chips de panais – 22
Rillettes de lapin citron et estragon – 24
Carn de parol – 25
Hure de champignons – 26
Croûte d'Hercule gratinée – 28
Làngos farcis au fromage de chèvre – 30
Fondue de Grondines – 31
Bâtonnets de 1608 fumé – 32
Goujonnettes de poisson blanc – 34
Dés de saumon frits – 35
Pattes de pieuvre confites – 37
Les éperlans de l'oncle Jacques – 38
Tacos de buccins – 39
Mousse de M. Émile, gelée de menthe – 40
Mousse de foies de volaille, gelée d'hibiscus et de framboises – 42
Carpaccio de tomates de M. Blouin – 43
Flan de cèpes – 44
Potage de fanes de navet – 46
Crème de haricots rouges au chorizo de Pierre Oteiza – 47
Carpaccio de bison, copeaux de fromage L'Hercule – 49
Yakitori de cœurs de canard – 50
Tartare de cœur de cerf – 51
Foie gras poêlé à la Dexter – 53
Gravlax de saumon caramélisé – 56
Saumon fumé de sainte Brigitte – 58
Brandade de haddock – 59
Pétoncles Rockefeller – 60
Crème de crevettes nordiques – 62
Crème d'huîtres au gingembre – 63
Crabe juste froid, mayonnaise au caviar – 64
Chaud-froid de homard – 67

LES PLATS PRINCIPAUX

Poêlée de cèpes et œuf cassé – 77
Omelette aux trompettes-de-la-mort – 78
Coque de Tomme des Galets, salade de roquette aux baies de sureau – 79
Grilled-cheese au fromage L'Origine de Charlevoix – 80
Ailes de canard pour le Super Bowl – 83
Magret de canard et poêlée de morilles – 84
Poitrines de perdrix, ragoût de haricots et légumes rôtis – 85
Poulets de Cornouailles au cidre de glace – 86
Ragoût de poulet aux chanterelles – 88
Dindon sauvage de Noël, farce en sandwich – 91
Le jackalope en civet – 93
Épaule d'agneau confite aux herbes – 96
Fesse de cerf rôtie entière – 97
Pièce de bœuf fumé – 98
Côtes levées de bœuf braisées – 101
Joues de bœuf au vin rouge – 102
Bavette de porc glacée au miel et chimichurri au maïs – 103
La saucisse Wellington de Félipé St-Laurent – 104
Filet de porc en croûte d'herbes – 107
Porchetta de cochon de lait – 108
Saumon grillé glacé au sirop de merisier – 111
Aiglefin cuit sur la peau, chutney aux kumquats et salade d'endives – 112
Raviolis de crabe à la coriandre, bouillon de crustacés au safran – 113
Soufflé de crabe des neiges – 114
Civet de homard au vin orange et aux agrumes – 116
Morue au bouillon de jambon et aux petits légumes – 119
Pétoncles rôtis et beurre de pommes jaunes aux graines de coriandre – 120
Fish and chips – 122

LES À-CÔTÉS

Oignons en croûte de sel – 130
Chou-fleur rôti entier – 133
Topinambours confits écrasés et poêlés – 134
Couscous de panais confit à l'huile d'olive – 136
Purée de courge d'hiver – 137
Endives confites au kumquat
et aux baies de genièvre – 138
Salade de dés de courge – 140
Salade d'épeautre – 141
Aligot de pomme de terre au fromage
Foin-de-Grèves – 143
Haricots blancs à la tomate – 145
Riz noir impérial à la crème de soya, échalotes
et vin rouge comme un risotto – 146
Le pain de l'autre avec la farine de sa mère – 149

LES DESSERTS

Jelly de bonshommes lego à la carotte
et au gingembre – 157
Biscuits fastoches de Jasmine – 158
Gâteau à la ricotta et aux agrumes – 160
Moelleux aux amandes et au melon confit – 161
Le clafoutis de mamie – 162
Gâteaux des anges à la menthe
et à la gomme de sapin – 164
Salade de fraises fumées à l'érable
et à la *peppermint* – 166
Petits financiers à la cardamome
et au cèdre – 168
Crème brûlée au praliné
comme un malakoff – 169
Caramel de pissenlits – 172
Caramel mou – 173
Le Québec-Montréal – 175

LES BASES, LES SAUCES ET LES CONDIMENTS

Beurre de livèche au citron vert – 184
Jus de morue – 186
Fond brun de volaille – 187
Herbes salées du Cap Diamant – 188
Gelée de bourgeons de sapin – 191
Pesto de laitue – 192
Marinades de légumes – 194
Concombres marinés – 195
Trévise en pickles – 196
Confiture de tomates rouges – 198
Aïoli à l'ail noir – 200
Mayonnaise épicée – 200
Mayonnaise à la cannelle et à l'érable – 201
Cossetarde de corail d'oursin – 201
Béarnaise au siphon – 202
Trempette soubise – 204
Crème de roquette – 204
Tzatziki de tomates vertes – 205
Tahini vert et frais – 206
Poudre de cèdre – 209
Fleur de sel parfumée – 210
Moutarde à l'érable – 210
Vinaigrette de graines d'amarante – 211

LES COCKTAILS

Gin & tonic québécois – 218
Scotch *fat washé* au beurre noisette – 220
Le jardin maritime – 222
Le vieux coudrier – 222
Sirop de carottes cuites – 223
Sirop caramélisé au piment chipotle – 223
Le Sam sonic – 224
Le Lagan-tonic – 226
Aquavit infusé aux olives Kalamata – 226

INDEX DES RECETTES PAR INGRÉDIENTS

Abricots
Chaud-froid de homard (gelée d'abricots secs) – 67

Agneau
Épaule d'agneau confite aux herbes – 96

Agrumes
Civet de homard au vin orange et aux agrumes – 116
Gâteau à la ricotta et aux agrumes – 160

Aiglefin
Aiglefin cuit sur la peau, chutney aux kumquats et salade d'endives – 112
Fish and chips – 122
Goujonnettes de poisson blanc – 34

Aïoli
Aïoli à l'ail noir – 200

Amandes
Foie gras poêlé à la Dexter (amandes caramélisées à l'érable) – 53
Moelleux aux amandes et au melon confit – 161

Amarante
Vinaigrette de graines d'amarante – 211

Amillaires
Hure de champignons – 26

Argousier
Foie gras poêlé à la Dexter (argousier au miel) – 53

Betterave
Foie gras poêlé à la Dexter (caramel de betterave) – 53
Œufs au vinaigre de betterave rouge – 20

Beurres
Beurre de livèche au citron vert – 184
Fesse de cerf rôtie entière (beurre parfumé) – 97
Pétoncles rôtis et beurre de pommes jaunes aux graines de coriandre – 120

Biscuits
Biscuits fastoches de Jasmine – 158

Bison
Carpaccio de bison, copeaux de fromage L'Hercule – 49

Bleuets
Foie gras poêlé à la Dexter (bleuets au caramel) – 53

Bœuf
Pièce de bœuf fumé – 98
Côtes levées de bœuf braisées – 101
Joues de bœuf au vin rouge – 102

Boudin
Croquettes de boudin noir – 18

Bouillons
Morue au bouillon de jambon et aux petits légumes – 119
Raviolis de crabe à la coriandre, bouillon de crustacés au safran – 113

Buccins (bourgots)
Tacos de buccins – 39

Canard
Ailes de canard pour le Super Bowl – 83
Magret de canard et poêlée de morilles – 84
Yakitori de cœurs de canard – 50

Canneberges
Foie gras poêlé à la Dexter (canneberges confites au romarin) – 53

Cantaloup
Moelleux aux amandes et au melon confit – 161

Caramel
Foie gras poêlé à la Dexter (bleuets au caramel) – 53
Caramel de pissenlits – 172
Caramel mou – 173
Foie gras poêlé à la Dexter (caramel de betterave) – 53

Carotte
Jelly de bonshommes lego à la carotte et au gingembre – 157
Sirop de carottes cuites – 223

Carpaccio
Carpaccio de tomates de M. Blouin – 43
Carpaccio de bison, copeaux de fromage L'Hercule – 49

Cassis
Foie gras poêlé à la Dexter (cassis au sirop de genièvre) – 53

Caviar
Crabe juste froid, mayonnaise au caviar – 64

Cèpes
Flan de cèpes – 44
Poêlée de cèpes et œuf cassé – 77

Cerf
Fesse de cerf rôtie entière – 97
Tartare de cœur de cerf – 51

Cerises
Le clafoutis de mamie – 162

Champignons
Flan de cèpes – 44
Hure de champignons – 26
Magret de canard et poêlée de morilles – 84
Omelette aux trompettes-de-la-mort – 78
Poêlée de cèpes et œuf cassé – 77
Ragoût de poulet aux chanterelles – 88

Chanterelles
Omelette aux trompettes-de-la-mort – 78
Ragoût de poulet aux chanterelles – 88

Chantilly à la vanille
Le Québec-Montréal (chantilly à la vanille) – 175

Chimichurri
Bavette de porc glacée au miel
et chimichurri au maïs – 103

Chocolat
Biscuits fastoches
de Jasmine – 158

Chorizo
Crème de haricots rouges au
chorizo de Pierre Oteiza – 47

Chou-fleur
Chou-fleur rôti entier – 133

Clafoutis
Le clafoutis de mamie – 162

Cœur
Yakitori de cœurs de canard – 50
Tartare de cœur de cerf – 51

Concombres
Concombres marinés – 195

Confiture
Confiture de tomates rouges – 198

Cossetarde
Cossetarde de corail
d'oursin – 201

Courge
Purée de courge d'hiver – 137
Salade de dés de courge – 140

Crabe
Crabe juste froid, mayonnaise
au caviar – 64
Raviolis de crabe à la coriandre,
bouillon de crustacés
au safran – 113
Soufflé de crabe des neiges – 114

Crème brûlée
Crème brûlée au praliné
comme un malakoff – 169

Crème légère à l'érable
Le Québec-Montréal
(crème légère à l'érable) – 175

Crème pâtissière
Le Québec-Montréal
(crème pâtissière) – 175

Crèmes (potages)
Crème d'huîtres au gingembre – 63
Crème de crevettes nordiques – 62
Crème de haricots rouges au
chorizo de Pierre Oteiza – 47
Potage de fanes de navet – 46
Soufflé de crabe des neiges
(bisque de crustacés) – 114

Crevettes
Crème de crevettes nordiques – 62

Croquettes
Croquettes de boudin noir – 18

Dindon
Dindon sauvage de Noël,
farce en sandwich – 91

Endives
Aiglefin cuit sur la peau,
chutney aux kumquats
et salade d'endives – 112
Endives confites au kumquat et
aux baies de genièvre – 138

Épeautre
Salade d'épeautre – 141

Éperlans
Les éperlans de l'oncle Jacques – 38

Flétan
Fish and chips – 122
Goujonnettes de poisson blanc – 34

Fleur de sel
Foie gras poêlé à la Dexter (fleur
de sel à la *peppermint*) – 53
Fleur de sel parfumée – 210

Foie
Mousse de foies de volaille, gelée
d'hibiscus et de framboises – 42

Foie gras
Foie gras poêlé à la Dexter – 53
Mousse de foie gras – 19

Fond
Fond brun de volaille – 187

Fraises
Salade de fraises fumées à l'érable
et à la *peppermint* – 166

Framboises
Mousse de foies de volaille, gelée
d'hibiscus et de framboises – 42

Fromages
Aligot de pomme de terre au
fromage Foin-de-Grèves – 143
Bâtonnets de 1608 fumé – 32
Coque de Tomme des Galets,
salade de roquette aux baies
de sureau – 79
Croûte d'Hercule gratinée – 28
Fondue de Grondines – 31
Grilled-cheese au fromage
L'Origine de Charlevoix – 80
Làngos farcis au fromage
de chèvre – 30
Mousse de M. Émile,
gelée de menthe – 40

Fruits de mer
Chaud-froid de homard – 67
Civet de homard au vin orange
et aux agrumes – 116
Cossetarde de corail d'oursin – 201
Crabe juste froid, mayonnaise
au caviar – 64
Crème d'huîtres au gingembre – 63
Crème de crevettes nordiques – 62
Pattes de pleuvre confites – 37
Pétoncles Rockefeller – 60
Pétoncles rôtis et beurre de
pommes jaunes aux graines
de coriandre – 120
Raviolis de crabe à la coriandre,
bouillon de crustacés
au safran – 113
Tacos de buccins – 39
Soufflé de crabe des neiges – 114

Gâteaux
Gâteau à la ricotta
et aux agrumes – 160
Gâteaux des anges à la menthe et
à la gomme de sapin – 164
Moelleux aux amandes et au
melon confit – 161
Petits financiers à la cardamome
et au cèdre – 168

Gelées
Chaud-froid de homard
(gelée d'abricots secs) – 67
Gelée de bourgeons de sapin – 191

Mousse de foies de volaille, gelée d'hibiscus et de framboises – 42
Mousse de M. Émile, gelée de menthe – 40

Gin
Gin & tonic québécois – 218
Le jardin maritime – 222
Le Sam sonic – 224

Gravlax
Gravlax de saumon caramélisé – 56

Haddock
Brandade de haddock – 59

Haricots
Crème de haricots rouges au chorizo de Pierre Oteiza – 47
Haricots blancs à la tomate – 145
Poitrines de perdrix, ragoût de haricots et légumes rôtis – 85

Herbes
Filet de porc en croûte d'herbes – 107
Herbes salées du Cap Diamant – 188

Homard
Chaud-froid de homard – 67
Civet de homard au vin orange et aux agrumes – 116

Huîtres
Crème d'huîtres au gingembre – 63

Jelly
Jelly de bonshommes lego à la carotte et au gingembre – 157

Kumquats
Aiglefin cuit sur la peau, chutney aux kumquats et salade d'endives – 112
Endives confites au kumquat et aux baies de genièvre – 138

Laitue
Pesto de laitue – 192

Lapin
Rillettes de lapin citron et estragon – 24
Le jackalope en civet – 93

Légumes
Carpaccio de tomates de M. Blouin – 43
Chips de panais – 22
Chou-fleur rôti entier – 133
Concombres marinés – 195
Confiture de tomates rouges – 198
Couscous de panais confit à l'huile d'olive – 136
Endives confites au kumquat et aux baies de genièvre – 138
Marinades de légumes – 194
Oignons en croûte de sel – 130
Purée de courge d'hiver – 137
Salade de dés de courge – 140
Topinambours confits écrasés et poêlés – 134
Trévise en pickles – 196

Marinades
Concombres marinés – 195
Marinades de légumes – 194
Trévise en pickles – 196

Mayonnaises
Crabe juste froid, mayonnaise au caviar – 64
Mayonnaise à la cannelle et à l'érable – 201
Mayonnaise épicée – 200

Menthe
Gâteaux des anges à la menthe et à la gomme de sapin – 164
Mousse de M. Émile, gelée de menthe – 40

Morilles
Magret de canard et poêlée de morilles – 84

Morue
Goujonnettes de poisson blanc – 34
Jus de morue – 186
Morue au bouillon de jambon et aux petits légumes – 119

Mousses
Mousse de foie gras – 19
Mousse de foies de volaille, gelée d'hibiscus et de framboises – 42
Mousse de M. Émile, gelée de menthe – 40

Moutarde
Moutarde à l'érable – 210

Navet
Potage de fanes de navet – 46

Noix
Chaud-froid de homard (pacanes au sel) – 67
Crème brûlée au praliné comme un malakoff (noix caramélisées) – 169
Foie gras poêlé à la Dexter (amandes caramélisées à l'érable) – 55
Yakitori de cœurs de canard (pacanes au soya) – 50

Œufs
Œufs au vinaigre de betterave rouge – 20
Omelette aux trompettes-de-la-mort – 78
Poêlée de cèpes et œuf cassé – 77

Œufs de poisson
Crabe juste froid, mayonnaise au caviar – 64

Oignons
Grilled-cheese au fromage L'Origine de Charlevoix (confit d'oignons) – 80
Oignons en croûte de sel 130

Omelette
Omelette aux trompettes-de-la-mort – 78

Oursin
Cossetarde de corail d'oursin – 201

Pacanes
Chaud-froid de homard (pacanes au sel) – 67
Yakitori de cœurs de canard (pacanes au soya) – 50

Pain
Le pain de l'autre avec la farine de sa mère – 149

Panais
Chips de panais – 22
Couscous de panais confit à l'huile d'olive – 136

Pâte à choux
Le Québec-Montréal (pâte à choux) – 175

Perdrix
Poitrines de perdrix, ragoût de haricots et légumes rôtis – 85

Pesto
Pesto de laitue – 192

Pétoncles
Pétoncles Rockefeller – 60
Pétoncles rôtis et beurre de pommes jaunes aux graines de coriandre – 120

Pieuvre
Pattes de pieuvre confites – 37

Pleurotes
Hure de champignons – 26

Poissons
Aiglefin cuit sur la peau, chutney aux kumquats et salade d'endives – 112
Brandade de haddock – 59
Dés de saumon frits – 35
Fish and chips – 122
Goujonnettes de poisson blanc – 34
Gravlax de saumon caramélisé – 56
Les éperlans de l'oncle Jacques – 38
Morue au bouillon de jambon et aux petits légumes – 119
Saumon fumé de sainte Brigitte – 58
Saumon grillé glacé au sirop de merisier – 111

Pommes de terre
Aligot de pomme de terre au fromage Foin-de-Grèves – 143

Porc
Bavette de porc glacée au miel et chimichurri au maïs – 103
Carn de parol – 25
Filet de porc en croûte d'herbes – 107
Porchetta de cochon de lait – 108

Potages (crèmes)
Crème d'huîtres au gingembre – 63
Crème de crevettes nordiques – 62
Crème de haricots rouges au chorizo de Pierre Oteiza – 47
Potage de fanes de navet – 46
Soufflé de crabe des neiges (bisque de crustacés) – 114

Poulet
Poulets de Cornouailles au cidre de glace – 86
Ragoût de poulet aux chanterelles – 88

Pousses de cèdre
Poudre de cèdre – 209

Radicchio
Trévise en pickles – 196

Ricotta
Gâteau à la ricotta et aux agrumes – 160

Rillettes
Rillettes de lapin citron et estragon – 24

Riz
Riz noir impérial à la crème de soya, échalotes et vin rouge comme un risotto – 146

Roquette
Coque de Tomme des Galets, salade de roquette aux baies de sureau – 79
Crème de roquette – 204

Sauces
Béarnaise au siphon – 202
Crème de roquette – 204
Sauce hollandaise – 60
Tahini vert et frais – 206
Trempette soubise – 204
Tzatziki de tomates vertes – 205

Saucisses
La saucisse Wellington de Félipé St-Laurent – 104

Saumon
Dés de saumon frits – 35
Gravlax de saumon caramélisé – 56
Saumon grillé glacé au sirop de merisier – 111

Saumon fumé
Saumon fumé de sainte Brigitte – 58

Scotch
Le vieux coudrier – 222
Scotch *fat washé* au beurre noisette – 220

Sel (croûte)
Oignons en croûte de sel – 130

Sirops
Sirop caramélisé au piment chipotle – 223
Sirop de carottes cuites – 223

Soufflé
Soufflé de crabe des neiges – 114

Tartare
Tartare de cœur de cerf – 51

Terrines
Terrine de mon grand père Louis – 17

Tomates
Carpaccio de tomates de M. Blouin – 43
Confiture de tomates rouges – 198
Tzatziki de tomates vertes – 205

Topinambours
Topinambours confits écrasés et poêlés – 134

Trévise
Trévise en pickles – 196

Trompettes-de-la-mort
Omelette aux trompettes-de-la-mort – 78

Vinaigrette
Vinaigrette de graines d'amarante – 211

Volaille
Fond brun de volaille – 187
Mousse de foies de volaille, gelée d'hibiscus et de framboises – 42

INDEX DES RECETTES PAR ORDRE ALPHABÉTIQUE

Aiglefin cuit sur la peau, chutney aux kumquats et salade d'endives – 112
Ailes de canard pour le Super Bowl – 83
Aïoli à l'ail noir – 200
Aligot de pomme de terre au fromage Foin-de-Grèves – 143
Aquavit infusé aux olives Kalamata – 226
Bâtonnets de 1608 fumé – 32
Bavette de porc glacée au miel et chimichurri au maïs – 103
Béarnaise au siphon – 202
Beurre de livèche au citron vert – 184
Biscuits fastoches de Jasmine – 158
Brandade de haddock – 59
Caramel de pissenlits – 172
Caramel mou – 173
Carn de parol – 25
Carpaccio de bison, copeaux de fromage L'Hercule – 49
Carpaccio de tomates de M. Blouin – 43
Chaud-froid de homard – 67
Chips de panais – 22
Chou-fleur rôti entier – 133
Civet de homard au vin orange et aux agrumes – 116
Clafoutis de mamie (Le) – 162
Concombres marinés – 195
Confiture de tomates rouges – 198
Coque de Tomme des Galets, salade de roquette aux baies de sureau – 79
Cossetarde de corail d'oursin – 201
Côtes levées de bœuf braisées – 101
Couscous de panais confit à l'huile d'olive – 136
Crabe juste froid, mayonnaise au caviar – 64
Crème brûlée au praliné comme un malakoff – 169
Crème d'huîtres au gingembre – 63
Crème de crevettes nordiques – 62
Crème de haricots rouges au chorizo de Pierre Oteiza – 47
Crème de roquette – 204
Croquettes de boudin noir – 18
Croûte d'Hercule gratinée – 28
Dés de saumon frits – 35
Dindon sauvage de Noël, farce en sandwich – 91
Endives confites au kumquat et aux baies de genièvre – 138
Épaule d'agneau confite aux herbes – 96
Éperlans de l'oncle Jacques (Les) – 38
Fesse de cerf rôtie entière – 97
Filet de porc en croûte d'herbes – 107
Fish and chips – 122
Flan de cèpes – 44
Fleur de sel parfumée – 210
Foie gras poêlé à la Dexter – 53
Fond brun de volaille – 187
Fondue de Grondines – 31
Gâteau à la ricotta et aux agrumes – 160
Gâteaux des anges à la menthe et à la gomme de sapin – 164
Gelée de bourgeons de sapin – 191
Gin & tonic québécois – 218
Goujonnettes de poisson blanc – 34
Gravlax de saumon caramélisé – 56
Grilled-cheese au fromage L'Origine de Charlevoix – 80
Haricots blancs à la tomate – 145
Herbes salées du Cap Diamant – 188
Hure de champignons – 26
Jackalope en civet (Le) – 93
Jardin maritime (Le) – 222

Jelly de bonshommes lego
à la carotte et au gingembre – 157
Joues de bœuf au vin rouge – 102
Jus de morue – 186
Lagan-tonic (Le) – 226
Làngos farcis au fromage de chèvre – 30
Magret de canard et poêlée de morilles – 84
Marinades de légumes – 194
Mayonnaise à la cannelle et à l'érable – 201
Mayonnaise épicée – 200
Moelleux aux amandes et au melon confit – 161
Morue au bouillon de jambon
et aux petits légumes – 119
Mousse de foie gras – 19
Mousse de foies de volaille, gelée d'hibiscus
et de framboises – 42
Mousse de M. Émile, gelée de menthe – 40
Moutarde à l'érable – 210
Œufs au vinaigre de betterave rouge – 20
Oignons en croûte de sel – 130
Omelette aux trompettes-de-la-mort – 78
Pain de l'autre avec la farine
de sa mère (Le) – 149
Pattes de pieuvre confites – 37
Pesto de laitue – 192
Petits financiers à la cardamome et au cèdre – 168
Pétoncles Rockefeller – 60
Pétoncles rôtis et beurre de pommes jaunes
aux graines de coriandre – 120
Pièce de bœuf fumé – 98
Poêlée de cèpes et œuf cassé – 77
Poitrines de perdrix, ragoût de haricots
et légumes rôtis – 85
Porchetta de cochon de lait – 108
Potage de fanes de navet – 46
Poudre de cèdre – 209
Poulets de Cornouailles au cidre de glace – 86
Purée de courge d'hiver – 137
Québec-Montréal (Le) – 175
Ragoût de poulet aux chanterelles – 88
Raviolis de crabe à la coriandre,
bouillon de crustacés au safran – 113
Rillettes de lapin citron et estragon – 24
Riz noir impérial à la crème de soya, échalotes
et vin rouge comme un risotto – 146
Salade d'épeautre – 141
Salade de dés de courge – 140
Salade de fraises fumées à l'érable
et à la *peppermint* – 166
Sam sonic (Le) – 224
Saucisse Wellington de Félipé
St-Laurent (La) – 104
Saumon fumé de sainte Brigitte – 58
Saumon grillé glacé au sirop de merisier – 111
Scotch *fat washé* au beurre noisette – 220
Sirop caramélisé au piment chipotle – 223
Sirop de carottes cuites – 223
Soufflé de crabe des neiges – 114
Tacos de buccins – 39
Tahini vert et frais – 206
Tartare de cœur de cerf – 51
Terrine de mon grand-père Louis – 17
Topinambours confits écrasés et poêlés – 134
Trempette soubise – 204
Trévise en pickles – 196
Tzatziki de tomates vertes – 205
Vieux coudrier (Le) – 222
Vinaigrette de graines d'amarante – 211
Yakitori de cœurs de canard – 50